AIRCRAFT CABIN SERVICE

기내 안전관리

AIRCRAFT CABIN SERVICE

기내 안전관리

NCS

머리말

NCS(국가직무능력표준, National Competency Standard)

NCS란 산업현장에서 직무를 수행하기 위해 요구되는 지식, 기술, 소양 등의 내용을 국가가 산업부문별, 수준별로 체계화한 것으로 산업현장의 직무를 성공적으로 수행하기 위해 필요한 능력(지식, 기술, 태도)을 국가적 차원에서 표준화한 것을 의미한다.

NCS의 목적은 현재의 스펙보다는 비행업무 직무역량을 우선시 하고 해당 직무수행에 요구되는 능력을 갖춘 인재를 선발하며 이는 무분별한 스펙경쟁을 해소함으로써 학벌이 아닌 능력에 따라 대우받는 열린 산업현장을 구축하는 데 있다. 2015년도 130개 공공기관에서 NCS를 이용하여 3,000명을 채용할 계획이며, 2020년까지 모든 공공기관 및 항공사/일반 기업체의 NCS 채용이 보편화 될 것으로 예상하고 있다.

본 교재에서는 NCS '항공객실서비스' 필수 능력단위 항목인

- 기내 안전관리
- 승객 탑승 전 준비
- 승객 탑승 및 이륙 전 서비스
- 비행 중 서비스
- 착륙 전 서비스
- 착륙 후 서비스
- 승객 하기 후 관리
- 응급환자 대처

- 항공기내방송 업무
- 고객만족 서비스

능력단위별로 분권하여 미래 예비 승무원들의 수준에 맞도록 튼실하고 짜임새 있게 저술하였으며 NCS 항공객실서비스를 학습하는데 능력단위별 주교재/부교재로 선택할 수 있게 하였고 유사분야로 사료되는 '승객 탑승 전 준비, 승객 탑승 및 이륙 전 서비스', '착륙 전 서비스, 착륙 후 서비스' 등 밀접하게 연관성 있는 능력단위를 합본하여 학생들로 하여금 체계적인 선수 및 후수 학습을 가능하게 하였다.

따라서 본 교재의 특징인 최신사진과 객실승무경력 32년 저자의 경험을 담은 글을 함께 학습하면 NCS 항공객실서비스 분야에서 원하는 모든 항공지식을 습득 · 함양할 수 있으며 예비 승무원들이 원하는 항공사에 입사 후, 재교육의 필요 없이 객실승무비행에 임할 수 있는 자격과 지식을 갖추게 될 것이라 자신하고 싶고 항공객실서비스에 대해 재교육을 받을 시에는 본 교재의 선학습 효과로 인해 어느 훈련생보다도 상당히 우수한 성적으로 수료하지 않을까 확신한다. 이는 곧 국가와 항공회사의 신입승무원 재교육이라는 큰 부담을 덜어주는 촉매제 역할을 하게 될 것이며, 아울러 개인 · 항공회사 · 국가의 경쟁력 강화로 이어지지 않을까 생각한다.

저자 씀

NCS란 무엇인가?

국가직무능력표준(NCS)은 무엇인가요?

국가직무능력표준(NCS, National Competency Standards)은 산업현장에서 직무를 수행하기 위해 요구되는 지식 · 기술 · 소양 등의 내용을 국가가 체계화한 것입니다.

국가직무능력표준 개념도

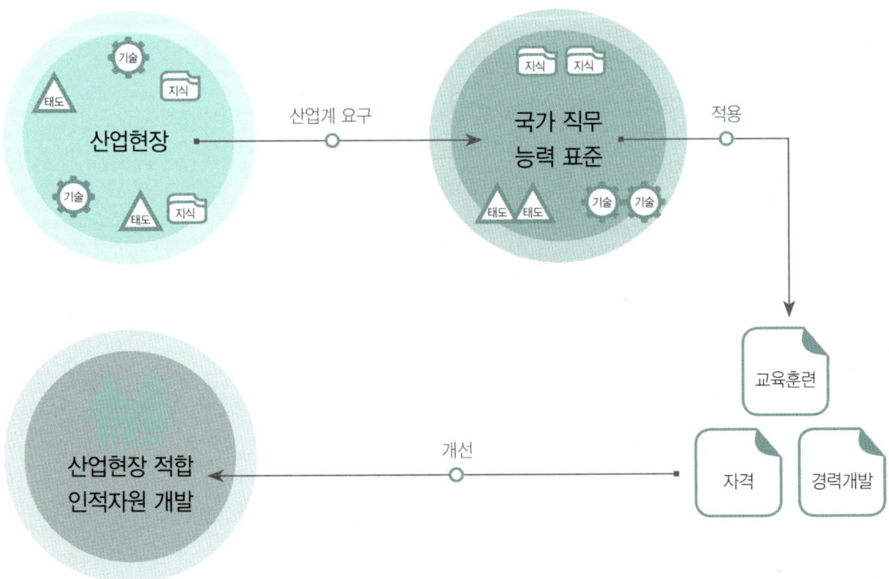

직무 능력: 일을 할 수 있는 On-sped인 능력

- 직업인으로서 갖추어야 할 공통 능력
- 해당 직무를 수행하는 데 필요한 역량(지식, 기술, 태도)

출처: NCS 홈페이지 항공객실서비스

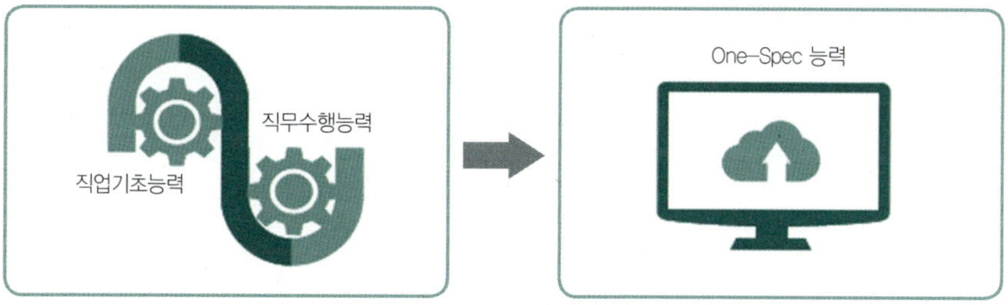

이렇게 달라졌어요!

보다 효율적이고 현실적인 대안마련

1. 실무중심의 교육 · 훈련과정개편
2. 국가자격의 종목 신설 및 재설계
3. 산업현장 직무에 맞게 자격시험 전면 개편
4. NCS채용을 통한 기업의 능력중심 인사관리 및 근로자의 평생경력 개발 관리 재편

국가직무능력표준이 왜 필요한가요?

능력 있는 인재를 개발해 핵심인프라를 구축하고,
나라가 국가경쟁력을 향상 시키기 위해 국가직무능력표준이 필요합니다.

- 기업은 직무분석자료, 인적자원관리 도구, 인적자원 개발 프로그램, 특화자격 신설, 일자리 정보 제공 등을 원합니다.
- 기업교육훈련기관은 산업현장의 요구에 맞는 맞춤형 교육훈련과정을 개설하여 운영하기를 원합니다.

출처: NCS 홈페이지 항공객실서비스

지금은,

- 직업교육 훈련 및 자격제도가 산업현장과 불일치
- 인적자원의 비효율적 관리 운용

국가직무 능력표준

바뀝니다.

- 각각 따로 운영됐던 교육훈련, 국가직무수행능력표준 중심 시스템으로 전환(일–교육 훈련–자격 연계)
- 산업현장 직무 중심의 인적자원 개발
- 능력중심사회 구현을 위한 핵심인프라 구축
- 고용과 평생 직업능력개발 연계를 통한 국가경쟁력 향상

추진경과

2002: 일–교육 훈련–자격을 연계하기 위해 국가직무 능력표준 제도를 도입

2010: 국가직무 능력표준의 효율화 추진에 대해 국가정책조정회의 조정
- NCS 명칭 통일 및 개발주체 일원화 (고용노동부, 한국산업인력공단)
- NCS 연구 및 교육과정 지원 (교육부, 한국직업능력개발원)

2013: 「능력중심사회를 위한 여건 조성」 핵심 국정과제 확정

국가직무능력표준은

기업체, 직업교육훈련기관, 자격시험기관에서 활용할 수 있습니다.

출처: NCS 홈페이지 항공객실서비스

국가직무 능력표준 활용범위

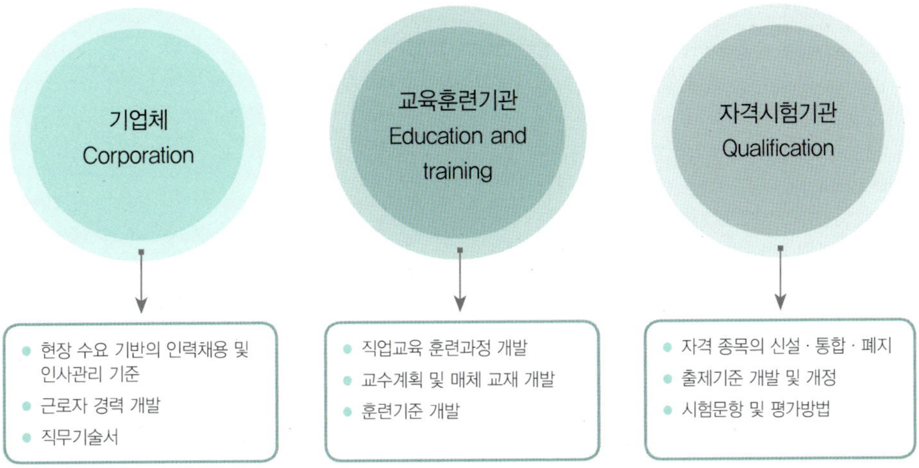

출처: NCS 홈페이지 항공객실서비스

직무명 : 항공객실서비스

1. 직무 개요

1) 직무 정의

항공객실서비스란 객실 안전관리, 승객 탑승 전 준비, 승객 탑승 서비스, 이륙 전 서비스, 비행 중 서비스, 착륙 전 서비스, 착륙 후 서비스, 승객 하기 후 관리, 응급환자 대처, 객실승무 관리를 하는 일이다.

2) 능력단위

순 번	능력단위	페이지
1	기내 안전관리	31
2	승객 탑승 전 준비	38
3	승객 탑승 및 이륙 전 서비스	44
4	비행 중 서비스	50
5	착륙 전 서비스	56
6	착륙 후 서비스	61
7	승객 하기 후 관리	66
8	응급환자 대처	72
9	기내음료 서비스	83
10	항공 기내방송 업무	93
11	고객만족 서비스	98

출처: NCS 홈페이지 항공객실서비스

3) 능력단위별 능력단위요소

분류번호	능력단위	수준	능력단위요소
1203010501_15v2	기내 안전관리	3	승객 탑승 전 안전 · 보안 점검하기
			항공기 이 · 착륙전 안전 · 보안 관리하기
			비행 중 안전 · 보안 관리하기
			착륙 후 안전 · 보안 점검 · 관리
			비상사태 발생 시 대응하기
			상황별 안전안내 방송하기
1203010502_13v1	승객 탑승 전 준비	3	기내서비스용품 점검하기
			서비스 설비 및 기물 점검하기
			특별 서비스 요청사항 점검하기
1203010503_16v2	승객 탑승 및 이륙 전 서비스	3	탑승위치 대기하기
			탑승권 재확인하기
			좌석 안내하기
			수하물 정리 지원하기
			특수 고객 지원하기
1203010504_13v1	비행 중 서비스	3	기내음료 제공하기
			기내식 제공하기
			기내 오락물 제공하기
			면세품 판매하기
			객실 상태 점검하기
1203010505_16v2	착륙 전 서비스	3	입국 서류 배포 및 작성 지원하기
			기내 용품 회수하기
			기내 서비스 용품 및 면세품 재고 확인하기
1203010506_16v2	착륙 후 서비스	3	승객 하기 지원하기
			특수 고객 지원하기

출처: NCS 홈페이지 항공객실서비스

분류번호	능력단위	수준	능력단위요소
1203010507_13v1	승객 하기 후 관리	3	유실물 점검하기
			잔류 승객 점검하기
			기내 설비 점검하기
			기내 용품 인수 · 인계하기
1203010508_13v1	응급환자 대처	3	응급환자 발생상황 파악 · 보고하기
			응급환자 초기 대응하기
			응급환자 후속 관리하기
			환자 대처 상황 기록하기
1203010512_16v1	항공 기내방송 업무	3	항공기내 방송 준비하기
			정상적 상황 방송하기
			비정상 상황 방송하기
			비상 상황 방송하기
1203010513_16v1	고객만족 서비스	3	서비스 마인드 함양하기
			이미지 메이킹하기
			불만고객 대처하기

출처: NCS 홈페이지 항공객실서비스

기내 안전관리

분류번호 : 1203010501_15v2
능력단위 명칭 : 기내 안전관리
능력단위 정의 : 기내 안전관리란 승객 탑승 전 안전 · 보안 점검, 이륙 전 안전 · 보안 관리, 비행 중 안전 · 보안 관리, 도착 전 안전 · 보안 관리, 도착 후 안전 · 보안 점검 · 관리, 비상사태 발생 시 대응, 안전안내 방송을 수행하는 능력이다.

능력단위요소	수 행 준 거
1203010501_15v2.1 승객 탑승 전 안전 · 보안 점검하기	1.1 항공기 안전 규정에 따라 승객 탑승 전, 항공기 객실의 안전장비 점검할 수 있다. 1.2 항공기 안전 규정에 따라 승객 탑승 전, 항공기 객실의 보안장비 점검할 수 있다. 1.3 항공기 안전 규정에 따라 항공기 안전 운항에 관계되는 의심스러운 물건에 대하여 신속히 보고할 수 있다. 1.4 항공기 안전 규정에 따라 기내 작업 인력에 대한 동향을 파악하여, 이상 발생 시, 보고할 수 있다.
	【지 식】 • 항공 안전 · 보안에 관한 법률 이해 • 객실 안전 · 보안 규정(점검) 이해 • 안전 · 보안장비 장비 이해 • 항공기 객실 구조 이해 • 대 고객 서비스 지침 이해 • 안전 · 보안장비 위치 및 관리요령
1203010501_15v2.1 승객 탑승 전 안전 · 보안 점검하기	【기 술】 • 기내 안전 규정집 활용 기술 • 객실 점검표 적용 기술 • 운항 승무원과의 원활한 소통 기술 • 안전 · 보안장비 점검 기술 • 기내 작업 인력에 대한 동향 파악 기술
	【태 도】 • 장비점검에 대한 규칙적인 습관 유지 • 꼼꼼한 태도 • 신속한 태도

출처: NCS 홈페이지 항공객실서비스

능력단위요소	수 행 준 거
1203010501_15v2.2 항공기 이 · 착륙전 안전 · 보안 관리하기	2.1 객실 안전 규정에 따라 승객에게 좌석 벨트 착용 안내를 정확하게 할 수 있다. 2.2 객실 안전 규정에 따라 미착석 승객을 확인하고, 착석을 유도할 수 있다. 2.3 객실 안전 규정에 따라 객실 수화물 선반(Overhead Bin) 잠금 상태를 확인하고, 조치할 수 있다. 2.4 객실 안전 규정에 따라 설비 잠금 상태를 확인하고, 조치할 수 있다. 2.5 객실 안전 규정에 따라 비상시 관련 정보를 제공할 수 있다. 2.6 객실 안전 규정에 따라 해당 항공기 문 Slide 상태를 비상 상태(Automatic Position)로 변경할 수 있다. 2.7 객실 안전 규정에 따라 비상구 위치에 착석한 승객에게 비상시 행동 요령과 업무 협조를 안내할 수 있다. 2.8 객실 안전 규정에 따라 창문덮개(Window Shade)를 원 위치하도록 안내할 수 있다. 2.9 객실 안전 규정에 따라 좌석 등받이와 좌석 앞 선반(Tray Table)을 원 위치하도록 안내할 수 있다. 2.10 객실 안전 규정에 따라 좌석 벨트 착용을 확인하고, 점검할 수 있다. 2.11 객실 안전 규정에 따라 비상 시 탈출 요령에 대한 절차를 이미지 트레이닝(Image training)을 할 수 있다. 2.12 객실 안전 규정에 따라 항공기 탑승 후 다시 하기를 원하는 승객에 대하여 신속히 보고할 수 있다.
1203010501_15v2.2 항공기 이 · 착륙전 안전 · 보안 관리하기	2.13 객실 안전 규정에 따라 의심스러운 승객 또는 돌발 상황에 대해 선임자에게 보고할 수 있다. 2.14 객실 안전 규정에 따라 승객에게 전자기기 사용 금지 안내 방송을 하고, 조치할 수 있다.
	【지 식】 · 항공 안전보안에 관한 법률 이해 · 객실 안전 · 보안 규정(점검) 이해 · 항공기 객실 구조 이해 · 안전 · 보안 장비 이해 · 항공기 안전규정(Safty Instruction) 이해 · 안전 · 보안장비 위치 및 관리요령

출처: NCS 홈페이지 항공객실서비스

능력단위요소	수 행 준 거
1203010501_15v2.2 항공기 이 · 착륙전 안전 · 보안 관리하기	【기 술】 • 객실 안전 · 보안 규정집 활용 기술 • 객실 안전 · 보안 점검표 적용 기술 • 객실안전 · 보안 장비 사용기술 • 운항 승무원과의 원활한 소통 기술 (CRM: Crew Resource Management) • 안전 장비 사용법 표현 기술 • 항공기 Slide Mode 변경 및 보고 기술
	【태 도】 • 장비점검에 대한 규칙적인 습관 유지 • 점검 시 정밀하고 꼼꼼한 자세 유지 • 절도 있는 행동 유지
1203010501_15v2.3 비행 중 안전 · 보안 관리하기	3.1 객실 안전 규정에 따라 승객에게 상시 벨트 착용 여부를 확인하고, 안내를 할 수 있다. 3.2 객실 안전 규정에 따라 승객의 기내 흡연 여부를 확인하고, 제지할 수 있다. 3.3 객실 안전 규정에 따라 밀폐공간 내부 상태를 확인하여, 조치할 수 있다. 3.4 객실 안전 규정에 따라 항공기 운항 중 행동이 의심스러운 승객의 동태 및 이상 물건에 대하여 신속히 보고할 수 있다. 3.5 객실 안전 규정에 따라 난기류(Turbulence) 발생 시 승객에게 안내 방송을 하고, 필요 조치를 할 수 있다.
	【지 식】 • 항공 안전보안에 관한 법률 이해 • 객실 안전 · 보안 규정(점검) 이해 • 항공기 객실 구조 이해 • 안전 · 보안 장비 이해 • 안전 · 보안장비 위치 및 관리요령
	【기 술】 • 객실 안전 · 보안 규정집 활용기술 • 객실 안전 · 보안 점검표 적용기술 • 객실 안전 · 보안 장비 사용기술

출처: NCS 홈페이지 항공객실서비스

능력단위요소	수 행 준 거
1203010501_15v2.3 비행 중 안전 · 보안 관리하기	• 밀폐공간 내부 상태 점검기술 • 안전한 기내 설비 사용 및 서비스 기술 • 안전 · 보안 관련 위반 승객 제지 기술 • 운항 승무원과의 원활한 소통 기술(CRM: Crew Resource Management)
	【태 도】 • 장비점검에 대한 규칙적인 습관 유지 • 점검 시 정밀하고 꼼꼼한 자세 유지 • 절도 있는 행동 유지
1203010501_15v2.4 착륙 후 안전 · 보안 점검 · 관리	4.1 객실 안전 규정에 따라 이동 승객을 제지하고, 착석상태 유지를 안내할 수 있다. 4.2 객실 안전 규정에 따라 승객의 유실물을 점검하고, 조치할 수 있다. 4.3 객실 안전 규정에 따라 기내 설비 이상 유무를 점검하고, 보고할 수 있다.
	【지 식】 • 항공 안전보안에 관한 법률 • 객실 안전 · 보안 규정(점검) • 항공기 객실 구조 • 안전 · 보안 장비 • 안전 · 보안장비 위치 및 관리요령
1203010501_15v2.4 착륙 후 안전 · 보안 점검 · 관리	【기 술】 • 객실 안전 · 보안 규정집 활용기술 • 객실 안전 · 보안 점검표 적용기술 • 승객 유실물 존재 유무 점검기술 • 기내 설비 이상 유무 점검기술 • 지상 근무 직원과의 인계인수 및 원활한 소통 기술
	【태 도】 • 점검 시 정밀하고 꼼꼼한 자세 유지 • 책임감 있는 태도

출처: NCS 홈페이지 항공객실서비스

<table>
<tr><th>능력단위요소</th><th>수 행 준 거</th></tr>
<tr><td rowspan="4">1203010501_15v2.5
비상사태 발생 시
대응하기</td><td>5.1 객실 안전 규정에 따라 비상상태를 인지할 수 있다.
5.2 객실 안전 규정에 따라 비상상태를 보고할 수 있다.
5.3 객실 안전 규정에 따라 비상상태를 조치할 수 있다.</td></tr>
<tr><td>【지 식】
• 항공 안전보안에 관한 법률 이해
• 객실 안전 · 보안 규정(점검) 이해
• 항공기 객실 구조 이해
• 안전 · 보안 장비 이해
• 안전 · 보안장비 위치 및 관리요령</td></tr>
<tr><td>【기 술】
• 객실 안전 · 보안 규정집 활용기술
• 기내 안전 설비 사용 및 서비스 기술
• 안전 · 보안관련 위반 승객 제지 기술
• 안전 · 보안 장비 사용 기술
• 객실 안전관련 상황 판단 기술</td></tr>
<tr><td>【태 도】
• 신속하고 정확한 태도 유지
• 절도 있고 침착한 태도 유지</td></tr>
<tr><td rowspan="3">1203010501_15v2.6
상황별 안전안내
방송하기</td><td>6.1 상황별에 따라 안내방송을 선택할 수 있다.
6.2 선택된 안내방송을 즉시 실시할 수 있다.
6.3 상황변화에 따른 추가안내 방송을 할 수 있다.</td></tr>
<tr><td>【지 식】
• 객실 안전규정(안내) 이해
• 한국어, 영어 및 목적지 국가언어(중국어, 일본어 등) 이해</td></tr>
<tr><td>【기 술】
• 상황판단 능력
• 방송장비 점검 및 활용능력
• 영어, 중국어, 일본어 등 외국어 구사능력
• 표준어 구사 능력
• 음성 표현 능력</td></tr>
</table>

출처: NCS 홈페이지 항공객실서비스

능력단위요소	수 행 준 거
1203010501_15v2.6 상황별 안전안내 방송하기	【태 도】 • 신속하게 명료한 태도 유지 • 절도 있고 침착한 태도 유지

기내 안전관리 자가진단표

1203010501_15v2	기내 안전관리

진단영역	진 단 문 항	매우 미흡	미흡	보통	우수	매우 우수
승객 탑승 전 안전 · 보안 점검하기	1. 나는 항공기 안전 규정에 따라 승객 탑승 전, 항공기 객실의 안전장비 점검할 수 있다.	①	②	③	④	⑤
	2. 나는 항공기 안전 규정에 따라 승객 탑승 전, 항공기 객실의 보안장비 점검할 수 있다.	①	②	③	④	⑤
	3. 나는 항공기 안전 규정에 따라 항공기 안전 운항에 관계되는 의심스러운 물건에 대하여 신속히 보고할 수 있다.	①	②	③	④	⑤
	4. 나는 항공기 안전 규정에 따라 기내 작업 인력에 대한 동향을 파악하여, 이상 발생 시, 보고할 수 있다.	①	②	③	④	⑤
항공기 이 · 착륙전 안전 · 보안 관리하기	1. 나는 객실 안전 규정에 따라 승객에게 좌석 벨트 착용 안내를 정확하게 할 수 있다.	①	②	③	④	⑤
	2. 나는 객실 안전 규정에 따라 미착석 승객을 확인하고, 착석을 유도할 수 있다.	①	②	③	④	⑤
	3. 나는 객실 안전 규정에 따라 객실 수화물 선반(Overhead Bin) 잠금 상태를 확인하고, 조치할 수 있다.	①	②	③	④	⑤
	4. 나는 객실 안전 규정에 따라 설비 잠금 상태를 확인하고, 조치할 수 있다.	①	②	③	④	⑤
	5. 나는 객실 안전 규정에 따라 비상시 관련 정보를 제공할 수 있다.	①	②	③	④	⑤

출처: NCS 홈페이지 항공객실서비스

진단영역	진 단 문 항	매우 미흡	미흡	보통	우수	매우 우수
항공기 이·착륙전 안전·보안 관리하기	6. 나는 객실 안전 규정에 따라 해당 항공기 문 Slide 상태를 비상 상태(Automatic Position)로 변경할 수 있다.	①	②	③	④	⑤
	7. 나는 객실 안전 규정에 따라 비상구 위치에 착석한 승객에게 비상시 행동 요령과 업무 협조를 안내할 수 있다.	①	②	③	④	⑤
	8. 나는 객실 안전 규정에 따라 창문덮개(Window Shade)를 원 위치하도록 안내할 수 있다.	①	②	③	④	⑤
	9. 나는 객실 안전 규정에 따라 좌석 등받이와 좌석 앞 선반(Tray Table)을 원 위치하도록 안내할 수 있다.	①	②	③	④	⑤
	10. 나는 객실 안전 규정에 따라 좌석 벨트 착용을 확인하고, 점검할 수 있다.	①	②	③	④	⑤
	11. 나는 객실 안전 규정에 따라 비상 시 탈출 요령에 대한 절차를 이미지 트레이닝(Image training)을 할 수 있다.	①	②	③	④	⑤
	12. 나는 객실 안전 규정에 따라 항공기 탑승 후 다시 하기를 원하는 승객에 대하여 신속히 보고할 수 있다.	①	②	③	④	⑤
	13. 나는 객실 안전 규정에 따라 의심스러운 승객 또는 돌발 상황에 대해 선임자에게 보고할 수 있다.	①	②	③	④	⑤
	14. 나는 객실 안전 규정에 따라 승객에게 전자기기 사용 금지 안내 방송을 하고, 조치할 수 있다.	①	②	③	④	⑤
비행 중 안전·보안 관리하기	1. 나는 객실 안전 규정에 따라 승객에게 상시 벨트 착용 여부를 확인하고, 안내를 할 수 있다.	①	②	③	④	⑤
	2. 나는 객실 안전 규정에 따라 승객의 기내 흡연 여부를 확인하고, 제지할 수 있다.	①	②	③	④	⑤
	3. 나는 객실 안전 규정에 따라 밀폐공간 내부 상태를 확인하여, 조치할 수 있다.	①	②	③	④	⑤
	4. 나는 객실 안전 규정에 따라 항공기 운항 중 행동이 의심스러운 승객의 동태 및 이상 물건에 대하여 신속히 보고할 수 있다.	①	②	③	④	⑤

출처: NCS 홈페이지 항공객실서비스

진단영역	진 단 문 항	매우 미흡	미흡	보통	우수	매우 우수
비행 중 안전 · 보안 관리하기	5. 나는 객실 안전 규정에 따라 난기류(Turbulence) 발생 시 승객에게 안내 방송을 하고, 필요 조치를 할 수 있다.	①	②	③	④	⑤
착륙 후 안전 · 보안 점검 · 관리	1. 나는 객실 안전 규정에 따라 이동 승객을 제지하고, 착석상태 유지를 안내할 수 있다.	①	②	③	④	⑤
	2. 나는 객실 안전 규정에 따라 승객의 유실물을 점검하고, 조치할 수 있다.	①	②	③	④	⑤
	3. 나는 객실 안전 규정에 따라 기내 설비 이상 유무를 점검하고, 보고할 수 있다.	①	②	③	④	⑤
비상사태 발생 시 대응하기	1. 나는 객실 안전 규정에 따라 비상상태를 인지할 수 있다.	①	②	③	④	⑤
	2. 나는 객실 안전 규정에 따라 비상상태를 보고할 수 있다.	①	②	③	④	⑤
	3. 나는 객실 안전 규정에 따라 비상상태를 조치할 수 있다.	①	②	③	④	⑤
상황별 안전안내 방송하기	1. 나는 상황별에 따라 안내방송을 선택할 수 있다.	①	②	③	④	⑤
	2. 나는 선택된 안내방송을 즉시 실시할 수 있다.	①	②	③	④	⑤
	3. 나는 상황변화에 따른 추가안내 방송을 할 수 있다.	①	②	③	④	⑤

[진단결과]

진단영역	문항 수	점수	점수 ÷문항 수
승객 탑승 전 안전 · 보안 점검하기	4		
항공기 이 · 착륙전 안전 · 보안 관리하기	14		
비행 중 안전 · 보안 관리하기	5		
착륙 후 안전 · 보안 점검 · 관리	3		
비상사태 발생 시 대응하기	3		
상황별 안전안내 방송하기	3		
합계	32		

☞ 자신의 점수를 문항 수로 나눈 값이 3점'이하에 해당하는 영역은 업무를 성공적으로 수행하는 데 요구는 능력이 부족한 것으로 교육훈련이나 개인학습을 통한 개발이 필요함.

출처: NCS 홈페이지 항공객실서비스

CONTENTS

CONTENTS

기내 **안전관리**

교재 활용법

본 교재의 학습능률을 높이기 위해 NCS(국가직무능력표준, www.ncs.go.kr) 홈페이지 접속 후 ① 분야별 검색 ▶ ② 12번 항목 숙박, 여행, 오락(대분류) ▶ ③ 3번 항목 관광레저(중분류) ▶ ④ 1번 항목 여행서비스(소분류) ▶ ⑤ 5번 항목 항공객실서비스(세분류) 순으로 검색하면 나타나는 항공객실서비스 능력단위 페이지 내 기술되어 있는 "NCS 항공객실서비스 능력단위별 학습모듈"과 병행학습하면 우수한 학습효과를 얻을 수 있다.

능력단위 정의

승객 탑승 전 안전, 보안 점검, 이륙 전 안전, 보안 관리, 도착 전 안전, 보안 관리, 도착 후 안전, 보안 점검 관리를 수행하는 능력을 함양한다.

학습목표

승객 탑승 및 이륙 전 안전 · 보안 점검, 관리, 비행 중 안전 · 보안 관리, 착륙 전 안전 · 보안관리, 착륙 후 안전 · 보안 점검, 관리를 수행할 수 있다.

선수학습

비행 절차, 기내 서비스 절차, 항공기 객실 서비스 설비, 항공기 객실 안전 설비, 항공 운송, 항공 여행, 해외 체재 규정, 국내외 공항 규정, 고객 응대, 고객 심리

핵심용어

객실 승무원, 운항 승무원, 교범, 절차, 항공기 안전 · 보안 규정, 객실 안전 · 보안 규정, 안전 장비, 안전 장비 점검, 보안 장비, 보안 장비 점검, 비상 사태, 화재, 감압, 기내 난동, 테러, 응급환자, 관리, 사고 예방, 발생, 대응, 진압, 보고, 30초 리뷰(30 seconds review), 탈출, 조종실 출입 절차, 기내 안내 방송, 승객 안내, 확인, 금지, 경고, 포박, 인계, 체크리스트, 점검표

인용출처 : NCS 홈페이지-항공객실 서비스

Chapter 01

기내 안전관리의 개념

1. NCS 기내 안전관리 능력단위요소

2. 객실승무원의 정의 및 자격

3. 사진으로 본 객실승무원 비행업무 전반

Chapter 01

기내 **안전관리**의 개념

기내 안전관리(Flight Safety)란 지상안전과 비행안전으로 나뉘어지게 되는데 비행 전/ 중/ 후를 통틀어 항공기와 운항, 객실승무원 그리고 승객을 보호하고 안전하게 보호/운송하는 개념이며 객실승무원이 항공기 탑승 승객과 승무원의 안전을 확보하기 위해 승객 탑승 전 안전, 보안점검/ 이륙 전 안전, 보안관리/ 비행 중 안전, 보안관리/ 도착 전 안전, 보안관리/ 도착 후 안전, 보안 점검, 관리를 수행하는 능력이다.

이것은 불의의 항공사고를 미리 방지하는 차원의 업무이고 매번 비행마다 계속되므로 중요하지 않게 생각하기 쉽기 때문에 항공 객실규정 및 업무수행 절차를 숙지하여야 함은 물론 아래의 조건들을 비행근무시 철저히 수행하여야 사고발생을 최소화할 수 있다. 따라서 본 교재에서는 객실승무원이 비행 전/중/후 실시하는 여러 가지 중요한 사항을 NCS 권장 시점별로 나누어 살펴 보고자 하며 일반적 NCS 6가지 표준절차와 객실승무원의 승무절차는 다음의 표와 같다.

기내 안전사고 Frank Bird 삼각형 이론

Frank Bird의 삼각형 이론이란 하나의 큰 사고가 발생하기 위해서는 수천 번의 아주 작은 사고가 연결되어 일어나며 모든 사고는 발생 전 징후를 보여주는데 비정상적인 행위–중요한 사고–준사고–큰 사고로 이어진다는 논리이다.

01 NCS 기내 안전관리 능력단위요소

- 승객 탑승 전 안전, 보안 점검하기
- 항공기 이착륙 전 안전, 보안 관리하기
- 비행 중 안전, 보안 관리하기
- 착륙 후 안전, 보안 점검 관리
- 비상사태 발생 시 대응하기
- 상황별 안전안내 방송하기

02 객실승무원의 정의 및 자격

1. 객실승무원[Cabin Crew, Cabin Attendant, Flight Attendant, Stewardess(Steward)] 정의 및 자격

객실승무원이란 항공기에 탑승하여 항공기 안전 운항과 승객의 안전을 위하여 객실 내 업무를 수행하여 비상탈출시 안전하고 신속하게 비상탈출을 업무를 수행하는 자를 말한다.(항공법 제1장 제2조 5항) 따라서 항공기 객실승무원은 비행 중 객실업무 수행을 위한 훈련과정을 이수하고 평가에 합격한 자이어야 하며 직급과 근무연한에 따라 필요한 교육과정 및 보수교육을 이수한 자이어야 한다. 또한 항공기 안전운항을 위해 객실 비상사태나 응급환자 발생시 필요한 조치를 취할 수 있는 지식과 능력을 겸비해야 하며 이를 학습하고 유지하기 위해 소정의 교육훈련(신입안전훈련, 기종전문훈련, 정기안전훈련)을 이수하고 최종절차에 합격한 자이어야 한다.

2. 객실승무원의 유래

최초의 승무원 앨런 처치

세계 최초로 승객운송의 상업운항을 시작한 항공사는 1909년 설립된 독일의 델라크(Delag)항공사이며, 채플린(Zepplin)이라는 비행선을 운용하였다. 최초의 객실승무원 업무는 델라크 비행선에서 시작 되었으며 최초의 남승무원은 독일 출신의 남성 스튜어드(STWD) 하인리히 쿠비스였다. 그러나 이때는 객실의 안전에는 관심이 전혀 없었으며 오직 선내에서 승객에게 식사를 제공하는 임무만 담당하였었다. 이러한 시기가 계속되다가 여성이 객실승무원으로 탑승한 것은 미국에서 처음 시작되었다.

유나이티드 항공사의 전신이기도 한 보잉 항공 수송회사(Boeing Air Transport)가 1930년에 현지 간호사를 채용하여 탑승하게 하였고 그때 처음 탑승한 여승무원은 엘렌 처치(Ellen Church)였다.

엘렌 처치(Ellen Church)는 처음에 보잉 항공사의 조종사가 되기 위해 지원하였으나 여성이라는 이유로 거절당하다 자신이 항공기 객실의 간호사로 탑승하면 승객들이 느끼는 비행공포를 감소시킬 것이라 제안하여 보잉 항공사가 그녀의 제안을 받아들였고 샌프란시스코와 시카고 구간을 비행하면서 커피와 샌드위치를 제공함으로써 기내 서비스의 장이 열리게 되어 세계 최초의 스튜어디스 1호로 명명되었다.

이후 해당 노선의 항공사 이용 승객들이 좋은 평가를 내리자 미국 내 전 항공사에서 제도를 시행하였으며 유럽대륙에서는 에어프랑스(Airfrance) 항공사의 전신인 파아망 항공사(Farman Airlines)가 국제선에 여승무원을 탑승시키는 것을 시작으로 여승무원 탑승제도는 유럽까지 전파되었다.

당시 여승무원의 호칭은 '스카이걸(Sky girl)', '에어 호스티스(Air hostess)', '스튜어디스(Stewardess)' 등이 있었으며 그중 스튜어디스라는 호칭이 지금까지 사용되고 있다. 그 후 여승무원이 되기 위한 간호사의 조건은 세계 제2차대전 이후로 사라졌으며 제트 항공기가 개발되고 비로소 객실 안전이 강화되어 안전 측면에서 객실승무원의 탑승이 의무화되었다.

우리나라에서는 1948년 노스웨스트(Northwest Airlines) 항공사가 국내에 취항하며 한국인 여승무원을 현지승무원으로 채용함에 따라 국내 최초의 '스튜어디스'로 근무하게 되었다.

1909년 : 독일인 하인리히 쿠비스가 최초의 남자 객실승무원이자 힌덴부르크 참사의 생존자인 한 사람이다.
1928년 : 독일의 루프트한자 항공사에서 객실승무원이 최초로 탑승하였으나 승무원은 여성이 아니라 남성이었다.
1930년 : 최초의 여승무원은 미국 유나이티드 항공에서 1개월간 실험적으로 근무했던 간호사였던 앨렌 처치였다.
1948년 : 대한민국 최초의 여승무원 탑승(노스웨스트 항공 한국어 통역 승무원)

3. 객실승무원의 자질

항공사마다 요구하는 객실승무원의 자질과 인재상은 항공사별로 다소 차이가 있다. 공통적으로 추구하는 인재상은 투철한 객실승무원의 직업의식, 철저한 안전의식, 봉사정신과 서비스마인드, 원만한 인간관계, 글로벌 매너와 에티켓, 능숙한 외국어 구사 능력, 철저한 자기 관리, 건강한 신체와 체력이며 가장 많은 시간을 할애하는 것이 기내에서의 고객응대이므로 다른 어떤 직업보다 친화력이 필요하다. 또한 글로벌 항공회사의 필수 인재로서 각국의 문화사절단의 역할을 수행 하므로 글로벌 매너와 외국어 구사 능력이 필수적이다. 그리고 항공기 탑승 근무에 적합한 신체 및 정서적 건강 조건을 항상 유지하여 기내에서 원만한 업무를 수행할 수 있어야 하며 요즘 대학 재학시절의 학점을 많이 참고하는 항공사도 상당수 있으니 재학시절 성실과 끈기로서 좋은 평가를 받을 수 있도록 노력해야 한다.

객실남승무원 Wing

객실남승무원 견장

객실여승무원 Wing

4. 객실승무원의 장점

☑ 세계 각국의 다양한 문화와 문물을 익힐 수 있다.

국제선 비행을 하게 되면 항공사에서 전략적으로 운영하는 유럽/미주/오세아니아/남미/아프리카 등 지구촌 모든 곳에 체류하게 되어 자연적으로 그곳의 문화와 문물을 습득하게 된다. 저자도 1985년도 스위스를 처음 비행으로 방문하여 이전에 보지못한 의복, 문화, 풍습과 그 나라의 음식(퐁듀)에 흠뻑 빠진 경험이 있었다. 그 다음 비행이 파리였는데 중/고등학교 교과서에서만 보아왔던 에펠탑을 처음 보았던 감격과 흥분은 지금도 잊지 못하고 있다. 세계 각국의 다양한 문화와 문물 그리고 특색 있는 현지음식을 접할 수 있다는 점이 객실승무원 지망생에게는 제일 큰 장점으로 부각되리라 생각하며 입사 후 비행근무를 시작하고 어느 정도 시간이 경과하면 세계의 어떤 인텔리와도 견주어 볼 수 있는 지적인 모습, 현지문화와 문물에 대한 멋진 지식을 자연스럽게 습득하게 된다.

☑ 여성/남성의 사회적 지명도가 높다.

남녀 차별 없이 자신의 능력을 보장받는 것이 객실승무원으로서 가장 큰 매력이라고 할 수 있으며 항공사에서는 "오히려 남성이 역차별 당한다."라는 우스개 소리가 나올 정도로 여성에 대한 대우가 파격적이다. 또한 2016년부터는 국내항공사의 객실승무원 정년도 만 60세로 4년 정도 늘어나게 된다. 따라서 적절한 자기 관리와 우수한 비행 근무 태도를 계속 유지한다면 남녀 차별 없이 개인이 희망하는 오랜 기간 동안 항공사 근무가 가능하다. 저자가 그동안 항공

기에서 이야기를 나눈 승객의 이야기를 종합해 보면 비행기를 이용하는 승객에게 객실승무원이란 위치는 승객 자신의 안전을 지켜주고 장거리 비행 동안 돌보아 줄 훌륭한 인재라고 생각하지 승객 자신이 우위에 있다고 생각하지는 않는다고 본다. 지금은 퇴직한지 1년 정도 지났지만 아직도 비행기를 이용하게 될 때 마주치는 멋진 객실승무원을 보면 가슴이 벅차다. 이 글을 읽은 여러분은 미래의 우리나라와 소속 항공사를 대표하는 멋진 커리어우먼, 커리어맨이라 할 수 있다.

☑ 깔끔하고 세련된 용모와 국제적 매너를 몸에 익힐 수 있다.

객실승무원의 특성상 매번 비행시 실시하는 것이지만 지적 메이크업, 단정한 용모복장을 자연스럽게 습득할 수 있고 국제적인 승객과 항상 마주하는 직업인 만큼 모든 상황에 대처할 수 있는 국제적 매너를 자의반 타의반 매년 실시하는 항공사 보수교육과 현지에서 부딪히는 실전으로 쉽게 체득할 수 있다. 저자가 비행 근무시 어느 객실승무원의 말에 의하면 자신을 무대에 올라간 연극배우로 지칭하고 싶다

국제여행의 관문 영국

사우디아라비아 체류시 복장

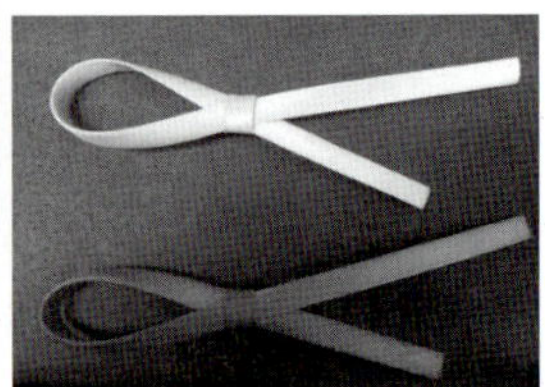

여승무원 헤어핀

고 했다. 이유는 항공기 기내라는 제한된 공간에서 모든 승객이(항공사에서 제공하는 영화 이외 딱히 볼 수 있는 장면이 없다) 승무원의 일거수 일투족을 주시하고 있으며 승무원의 말과 행동에 따라 담당구역의 비행 분위기가 좌우되기 때문에 매번 비행 나갈 때마다 무대에 서는 연극배우가 무대 뒤편에서 엄청난 준비를 하듯이 자신도 수많은 비행 때마다 매번 몸과 마음을 준비하는 과정에서 부지불식간 세련된 용모와 매너를 습득하게 되었다고 한다.

☑ 항공사의 좋은 복지를 마음껏 누릴 수 있다.

국내 항공사에서는 항공사별로 차이는 있지만 항공사 직원 및 객실승무원에게 무료 항공권을 지급한다. 또한 다른 나라 제휴항공사에서도 같은 혜택을 받을 수 있기 때문에 사실상 지구상의 모든 항공사 비행기를 승객 대비 약 10~15% 정도의 비용만 지불하고 이용 가능하며 이러한 항공권은 재직 중 가족뿐만 아니라 처부모와 시댁부모까지 이용이 가능하고 특히 국내 항공사 중에서는 재직 중 결혼하면 신혼여행지 왕복 항공권을 비즈니스 클래스로 제공하는 항공사도 있다. 또한 외국에 나가면 체류호텔/관광지/면세점/운송수단/헬스클럽/식사까지 객실승무원에게 많은 할인을 제공하여 일반 승객 대비 상당히 저렴한 가격에 이용할 수 있다. 또한 일부 항공사에서는 객실승무원의 학습을 위해 물심양면으로 많은 지원을 하고 있다. 가령 대학원을 진학하는 승무원에게는 학비를 지원하고 외국어 향상을 위한 시험비용도 일부 지급하고 있으며 자제들의 중/고등학교 및 대학교 학비, 유학 학비도 전액 지원하고 있다.

☑ 비교적 높은 급여를 받을 수 있다.

항공사 객실승무원은 본봉 이외에 비행수당을 받게 되는데 비행수당이 본봉

에어프랑스 항공사 A380

대한항공 A380

아시아나 항공사 A380

과 거의 맞먹을 정도로 충분하게 책정되어 있다. 또한 비행수당에는 할증제도(월 실제 비행시간이 일정 시간을 넘으면 그 이후부터 탑승하는 비행시간이 할증됨)가 있어 비행을 많이 하면 할수록 생각한 금액보다 훨씬 높은 급여를 받을 수 있으며 해외에서 체류 중 문화 활동비를 포함하여 기타 약간의 체류비용을 회사에서 지급하는 곳이 많아 적절한 소비를 한다면 알차게 해외체류를 즐길 수 있다. 아마도 한국에서 미국 달러화와 유로화 그리고 일본화폐의 가치를 알고 마음껏 사용할 수 있는 사람은 몇명 안 되리라 생각하며 참고로 승무원의 지갑을 열어보면 해외체류를 대비해 항상 미국달러와 유로 그리고 일본화폐는 기본적으로 준비되어 있는 것을 볼 수 있다.

☑ 언어면에서 일반 사람보다 관심가질 기회와 학습할 수 있는 환경을 쉽게 접할 수 있다.

만일 영어, 일본어, 중국어, 독일어, 불어, 아프리카어, 서반아어 등 여러 가지 언어 학습에 관심이 있는 사람이라면 항공사 객실승무원을 택하는 것은 최상의 선택이라 생각한다. 특히 항공사 객실승무원은 위에 언급한 언어를 사용하는 국가를 직접 가 볼 수 있는 기회가 상당히 많아서 본인의 의지만 있다면 한국에서는 상상도 못할 현지 언어 학습 방법을 습득할 수 있는 방법이 무궁무진하다. 특히 항공기에는 중국 현지승무원이 많이 탑승하게 되는데 이러한 현지승무원은 해당 국가에서도 인텔리에 속해 마음만 먹으면 개인교습까지 받을 수 있는 기회도 많다. 저자도 이런 기회를 많이 살려 보려 했는데 게으른 관계로 32년간 실천 못한 점을 지금도

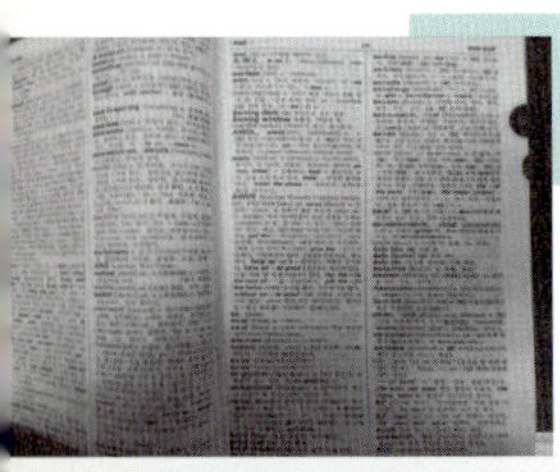

현재 후회하고 있다. 만일 다시 객실승무원으로 돌아간다면 3개 국어를 완벽하게 구사할 정도의 실력을 갖추고 싶다.

☑ 비행 후 시간내어 보람찬 사내/외 사회봉사활동에 참여할 수 있다.

하늘에서 승객의 마음을 사로잡고 있는 객실승무원은 비행 후 지상에서도 마음만 먹으면 가슴이 따뜻해지는 봉사활동에 참여할 수 있다. 항공사마다 조금씩 다르지만 주변 이웃에 대한 사랑을 실천하는 객실승무원의 봉사활동 으로는 대한항공/아시아나 항공의 '하늘사랑 바자회'와 '캐빈 사회공헌 바자회'가 있으며 각종 회사 내 동아리를 이용하여 장애인 초청공연과 봉사활동 그리고 겨울나는 어르신과 독거노인, 장애인시설을 위한 '하늘사랑 김장 담그기' 그리고 저소득 가정 대상의 공부방에서 어린이들을 가르치며 노인복지관을 방문하여 배식을 도와

주고 묵은 때를 청소하는 등의 객실승무원의 자발적인 봉사활동은 끊임없이 이루어지고 있다.

앞으로도 국내의 많은 항공사가 주변의 불우이웃, 장애인, 독거노인, 차상위계층을 위해 서로의 힘을 보태고 정을 나누기 위해 지속적으로 많은 봉사활동을 계획하고 있어 보람 있는 활동이 기대된다.

객실승무원의 신체건강 조건

객실승무원은 항공기 객실업무에 적합한 신체 및 건강조건을 유지해야 하며 그 조건에 미비되거나 부족할 경우 승무원의 자격이 일시 정지되거나 말소될 수 있다. 따라서 근무에 적합한 신체건강 상태를 항상 유지할 수 있도록 노력해야 한다. 또한 승객이나 타인에게 혐오감을 줄 수 있는 신체의 외적 손상이 있을 경우 완전한 회복시까지 그 자격이 일시 정지될 수 있기 때문에 승무원은 직업상 자신의 안전을 위협할 수 있는 환경에 노출되지 않도록 유의해야 한다.

해외 체류호텔 헬스클럽

03 사진으로 본 객실승무원의 비행업무 전반

객실승무원은 비행 전/중/후 다음과 같은 비행에 관련된 업무를 수행한다. 비행업무를 하기 위해 한국 내 집이나 해외체류를 마치고 호텔에서 출발하여 비행을 마칠 때까지의 일반적인 기내업무는 다음과 같다.

회사출근길

회사출근

객실승무원 비행준비

0145전	객실브리핑
0120전	합동브리핑
0050전	ARRIVAL AT A/C

비행준비

객실브리핑 준비

객실브리핑

운항브리핑

청사도착

보안검색

게이트로 이동

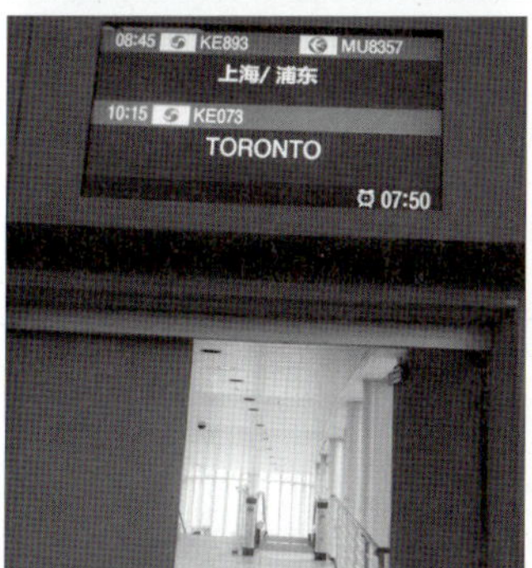

게이트 도착

항공기 탑승

객실승무원 지상업무

- Crew Baggage 보관
- 비상보안장비 점검
- 기타 장비 시스템 점검
- Catering Items 점검
- Report to Purser/Cockpit
- 지상서비스 준비
- 스페셜 밀-신문세팅-서비스 아이템 배분

CREW 백 보관

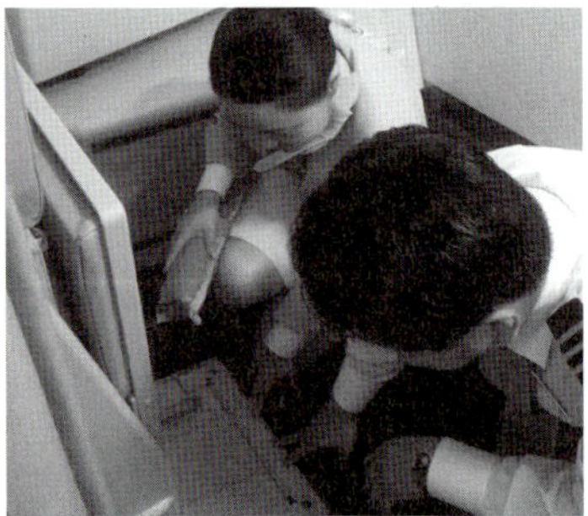

비상 보안장비 점검

기타 장비 시스템 점검

Catering Item 점검

Report to Purser and Captain

지상서비스 준비

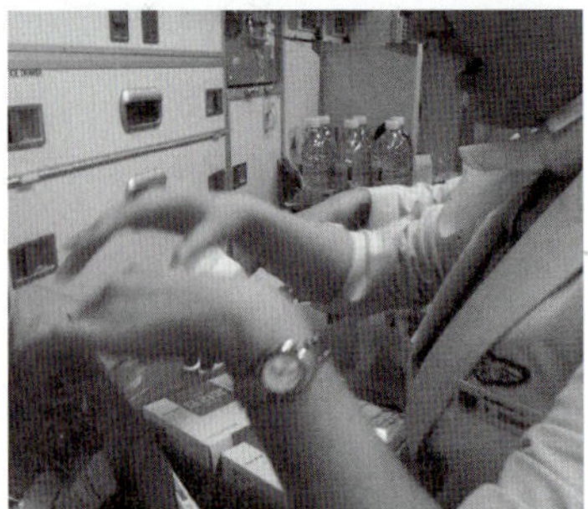

스페셜밀-신문세팅-서비스아이템 배분

객실승무원 지상업무

- 승객 탑승
- 지상 서비스
- Door Close : '객실준비완료' 통보
- Stafety Check
- Welcome 방송 : 'Pushback 준비완료' 통보
- Safety Demo
- 이륙 전 안전 업무 : '이륙준비완료' 통보

승객 탑승

지상 서비스

Door Close

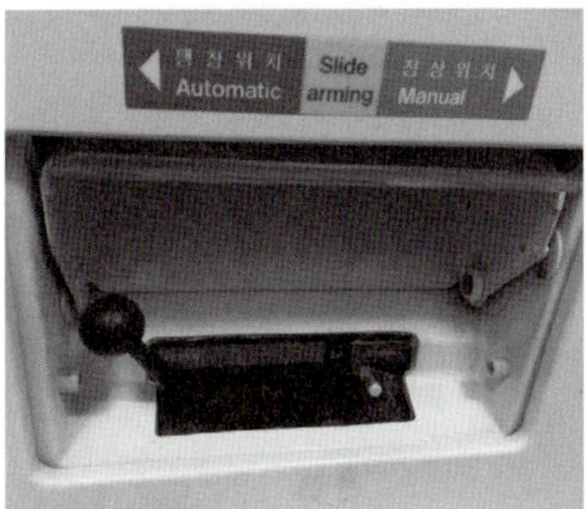

Safety check : 정상-팽창

Welcome 방송

Safety Demo

이륙 전 안전업무

객실승무원 비행 중 업무

- Amenity Kit, Headphone, 신문, Giveaway
- Refreshment Towel
- Beverage
- Meal(DNR) with Wine & Bev.
- Meal Tray Collection
- 기내 판매 / 입국서류 배포

Amenity kit, 헤드폰 서비스

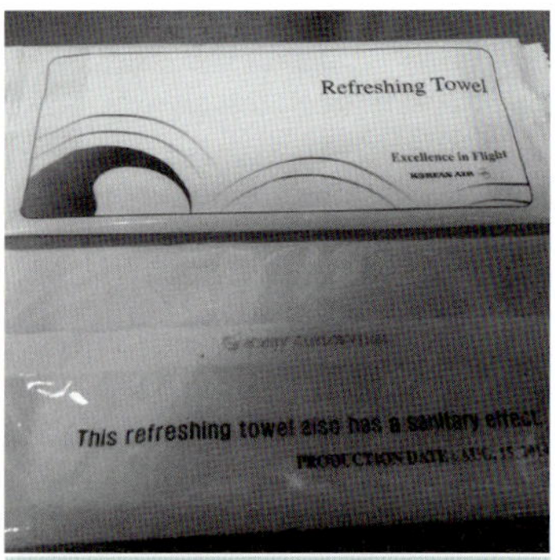

Refreshing Towel

Beverage

Meal(dinner) with wine

Meal Tray Collection

기내판매

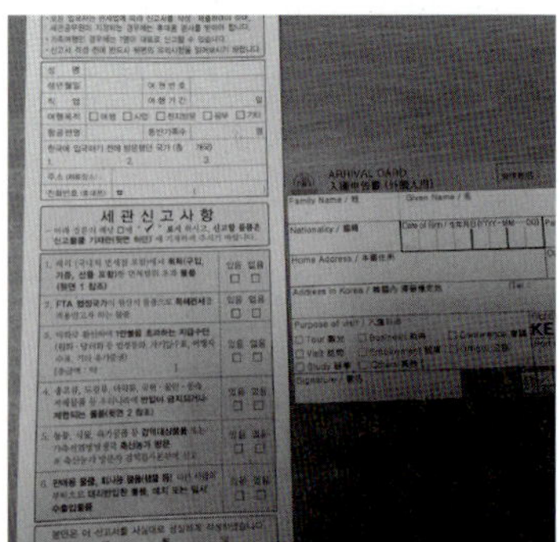

입국서류 배포

Safety Check : 팽창-정상

- Safety check
- 하기인사
- 유실물 Check
- 기내판매 인계
- 기물 등 인계
- 승무원 하기
- De-Briefing

하기인사

유실물 Check

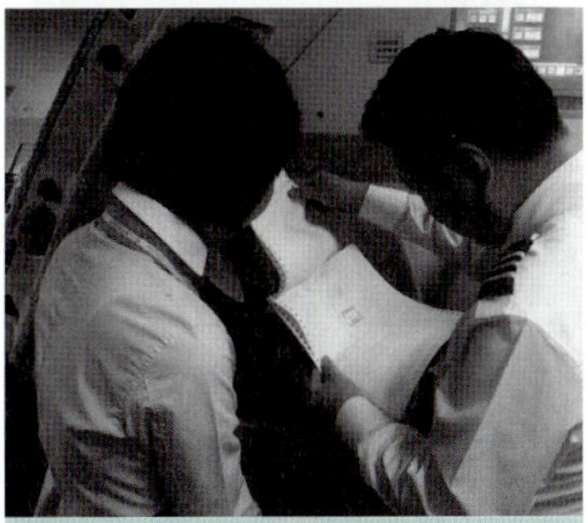
기물 등 인계

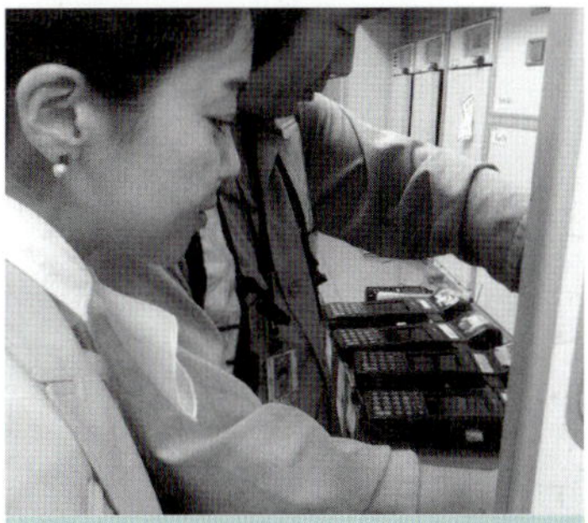
기내판매 인계

승무원 하기

Debriefing

Chapter 02

승객 탑승 전 **안전, 보안** 점검하기

1. 객실브리핑

2. 운항브리핑

3. 갤리브리핑

4. 디 브리핑

5. 기내 안전장비

6. 기내 보안장비

7. 항공기 출입가능 인원

8. 안전, 보안 점검시 의심스러운 물건 보고

9. 항공기 기종별 필수 점검 장소

Chapter 02

승객 탑승 전 **안전, 보안** 점검하기

수행 준거

- 항공기 안전 규정에 따라 승객 탑승 전, 항공기 객실의 안전장비를 점검할 수 있다.
- 항공기 안전 규정에 따라 승객 탑승 전, 항공기 객실의 보안장비를 점검할 수 있다.
- 항공기 안전 규정에 따라 항공기 안전 운항에 관계되는 의심스러운 물건에 대하여 신속히 보고할 수 있다.
- 항공기 안전 규정에 따라 기내 작업 인력에 대한 동향을 파악하여, 이상 발생시 보고할 수 있다.

인용출처 : NCS 홈페이지–항공객실서비스

01 객실브리핑

모든 객실승무원은 담당 객실사무장/캐빈매니저와 함께 정해진 내용의 객실브리핑을 정해진 시간과 장소에서 시행한다.

객실브리핑은 PPT를 통해 실시한다. 브리핑 자료 입력하는 모습

- 객실브리핑의 목적은 객실서비스, 항공기 구조, 비상장비, 승객 또는 승무원 안전에 영향을 줄 수 있는 사항 또는 보안사항 장비 및 시스템 정비에 관한 정보를 확인하며 탑승할 객실승무원 명단을 재확인하여 승객과 승무원의 안전을 도모하는 데 있다.

객실브리핑 순서

1. 인원점검 : 객실승무원 인원파악, Greeting
2. 비행준비 점검 : Duty 확인, 용모복장, 비행 필수 휴대품 소지 여부
3. 비행정보 공유 : 해당편 출/도착시간, 승객예약 상황, 서비스 순서, VIP, 노약자, 임산부, 스페셜밀, 비동반소아 운송절차, 장애인 탑승 등
4. 객실 안전, 보안 정보 : 해당 편 항공기 안전/보안장비 위치 및 점검요령
5. 객실서비스 정보 : 해당 편 서비스 절차/요령, 특수고객 응대
6. 비행 관련 질의응답 : 시내 강조사항 및 해당 편 출입국 절차

02 운항브리핑

해외공항 태국에서 운항브리핑 중인 대한항공/아시아나 항공 운항/객실승무원 모습. 대한항공은 항공기 외부에서 아시아나 항공은 항공기 내부에서 실시하고 있으며 상황에 따라 내/외부에서 실시한다.

객실브리핑 후 운항승무원과 객실승무원이 함께 모여 당일비행의 보안사항, 예상되는 Turbulce 고도, 난기류 지속시간, 해상비행시 필요한 승객브리핑, 안전 고려사항, 비상절차, 객실승무원과 운항승무원의 협조사항 및 조종실 출입절차에 대해 논의한다.

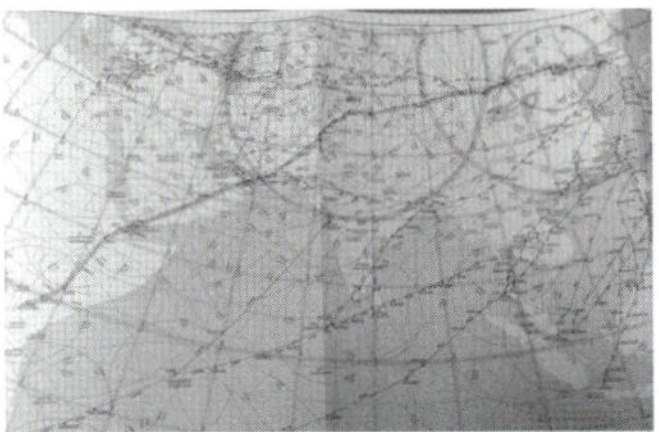
항로지도

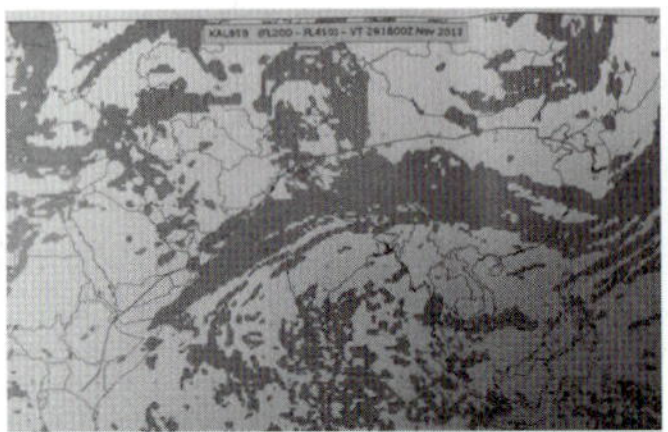
항로상 구름분포도

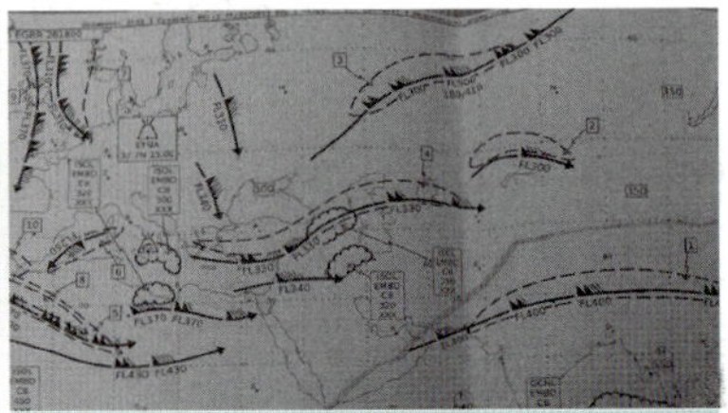
제트기류 및 전선지도

03 갤리브리핑 (Galley briefing)

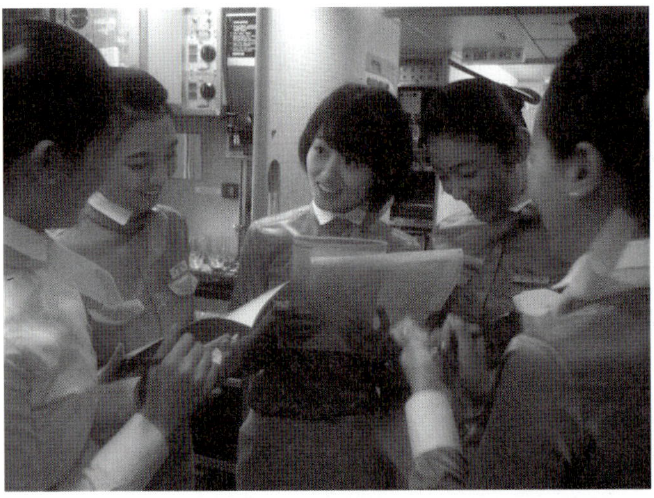

갤리브리핑이란, 항공기가 순항고도에서 다다르면 기장은 객실내의 "Fasten seatbelt" 사인을 끄게 된다. 이제부터 바야흐로 항공기 객실 내 서비스가 시작되는 것이다. 따라서 기내서비스 시작 전 각 Zone 별 갤리에서 비교적 경험이 풍부한 갤리장을 맡은 선임승무원이 담당 승무원을 모아놓고 해당존의 승객형태, 서비스 시 유의사항 및 특이사항에 대해 알려주게 되고 각 복도(Aisle)담당 승무원들이 담당을 맡은 구역의 기내안전 및 서비스 특이사항에 대해 의견을 교환하게 된다. 이러한 절차를 갤리브리핑(Galley briefing)이라 하며 착륙 전 기 수행한 서비스에 대해 피드백 차원에서 한번 더 실시하게 된다.

갤리브리핑 시 착안사항

- 해당구역의 승객 특이사항(이륙 후 기내서비스 전)
- 제공할 스페셜밀 종류 및 승객분포(이륙 후 기내서비스 전)
- 담당구역내 기내안전 및 보안사항
- 서비스 시 유의사항(이륙 후 기내서비스 전)
- 서비스 후 유의사항(착륙 전)
- 승객 맡은 짐 반환여부(착륙 전)
- 담당구역 고객불만/칭송사항(착륙 전)
- 갤리별 시설물 고장유무(착륙 전)
- 인계 시 특이사항(착륙 전)

04 디 브리핑(DE-BRIEFING)

비행 후 디 브리핑 하는 저자

인천공항 도착 후 디 브리핑 모습

목적지 국내 공항에 도착해 디브리핑 하는모습.기내업무가 잘되면 좋은 분위기 이지만 그렇지 못하면 아주 심각한 분위기로 발전한다

목적지 국내 공항에 도착해 디브리핑 하는모습.기내업무가 잘되면 좋은 분위기 이지만 그렇지 못하면 아주 심각한 분위기로 발전한다

승객하기 후 객실사무장/캐빈매니저 주관 하에 객실 전방 또는 비행기근처(Ship Side)에서 비행 중 발생한 특이사항을 점검하고 비행 후의 업무내용을 확인하는 업무절차 이며 절차 및 내용은 아래와 같다.

- 모든 객실승무원은 승객 하기 후 정해진 시점 및 일정한 장소에서 객실사무장/캐빈매니저가 주관하는 디 브리핑에 참석한다.

- 디 브리핑은 원칙적으로 매 비행 종료 시마다 항공기 객실전방 또는 항공기 근처(Shipside)에서 실시하는 것을 원칙으로 하나 단, 동일날짜에 2개 구간 이상 근무 시 객실사무장 /캐빈매니저의 판단에 따라 실시할 수 있고 국내선의 경우 당일 최종근무 비행 ,국제선인 경우 In Bound 비행 종료 시 한해 실시할 수 있다.
- 디 브리핑에 참석하는 객실승무원은 비행 중 특이사항 중심으로 객실사무장에게 보고 의무가 있으며 특이사항에 대한 처리절차를 지시하는 객실사무장/캐빈매니저의 지시사항을 적극 수용한다.
- 디 브리핑 실시결과 특이사항이 발견되어 별도 보고 및 추후 업무개선이 필요 하다고 판단되는 사항은 각종 객실 보고서 작성 등을 통해 회사에 보고한다.
- 객실사무장/캐빈매니저는 아래의 객실 디 브리핑 가이드라인(Guide line)을 참조하여 비행 중 특이사항을 점검하고 승객 하기 후 업무절차를 확인한다.

디 브리핑시 보고 해야할 비행 중 특이사항

- 객실설비 고장 및 객실정비기록부(CDLM)기록여부
- 기내환자 및 부상승객 발생 여부 및 처리내역
- 기내식,음료 등을 비롯한 서비스 아이템 관련 특이사항
- 기내 분실물 발생여부 및 후속 처리내역
- 불만승객 발생여부 및 후속 처리내역
- 클리닝쿠폰(Cleaning coupon)발급여부 및 후속 처리내역
- 기내 난동승객 발생 및 후속 처리내역
- 비행 중, 착륙 후 기내안전 및 보안에 관한 사항
- 승객 좌석배정 관련 특이사항
- VIP/CIP 탑승여부 및 객실서비스 보고방법
- 기내 접수서류(우편물,상용고객 신청서, 기내면세품 사전주문서)
- 각 클래스별 특이사항 및 기타 보고사항

☑ 각종 브리핑(Briefing)에 대하여...

일반적으로 항공기에 탑승 근무하는 대부분의 승무원은 "브리핑(Briefing)"을 선호하지 않는다. 왜냐하면 모든 형태의 브리핑은 기내업무 시 승객안전 및 고객서비스 부분의 잘못된 점을 미연에 방지하고 적절치 못한 승무원 개인의 업무절차에 대해 수정하는 방식을 취하고 있기 때문에 종종 분위기가 거북하고 경직되는 경우가 많은 이유이다.

하지만 브리핑을 통해 비행하게 될 또는 비행 중 그리고 비행 후 기내 업무 수행 측면에서 잘된 부분은 격려하고 잘못된 부분은 지적하며 공개함으로써 향후 발생할 수 있는 업무적 실수를 미연에 방지하게 될 수 있다.

따라서 예비승무원 여러분도 현장에 투입되면 비행 전,중,후에 실시되는 각종 브리핑(Briefing)을 두려워 하거나 기피하지 말고 적극적으로 참여해 자신을 한층 더 향상 시킬 수 있는 기회로 삼으면 좋을 듯 하다.

05 기내 안전장비

항공기 탑승 객실승무원은 객실사고 예방과 비상사태 발생시 신속한 대처를 위해 승객 탑승 전 기내설비, 위험한 물질의 탑재 여부 확인 및 비상시 사용하는 모든 장비를 점검해야 한다. 목적은 기내 비상장비 및 시스템의 사용법을 숙지하여 비상사태 발생시 항공기 안전운항을 확보하고 소중한 고객 및 승무원의 생명을 보호하는 데 있으며 객실 내 장착되어 있는 안전장비를 정해진 점검요령에 의해 점검하여 이상이 있는 경우 객실 정비사에 의해 적절한 정비가 이루어질 수 있도록 하는 것이 객실승무원이 비행 전 반드시 수행하는 절차이다. 안전장비란 비행 중

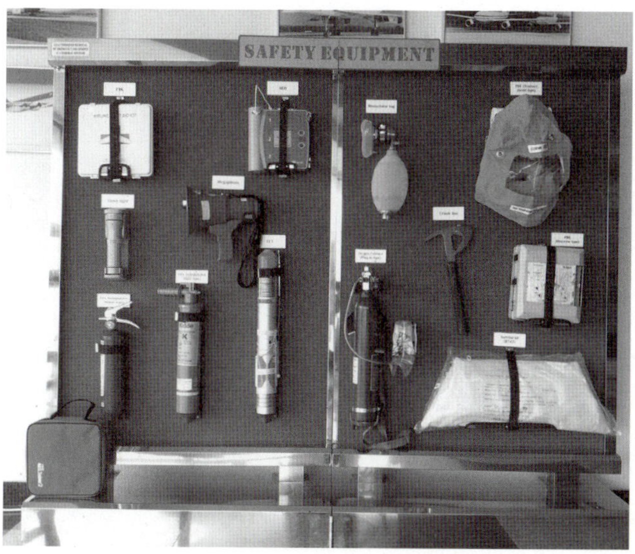

사용할 수 있는 기내에 장착되어 모든 비상 시 사용가능한 장비를 말하며, 지상에서 점검 시 정위치, 수량, 봉인상태, 게이지 압력 등을 반드시 점검해야 한다.

기내 안전장비 점검절차

- 승무원 짐 보관정리
  출발 편 항공기에 도착한 객실승무원은 소지한 비행 준비물이 들어 있는 캐리어를 수하물 선반(Overhead Bin)과 도어가 장착된 코트룸(Enclosed Coat Room), 또는 앞쪽과 통로 3면에 고정장치가 설치되어 있는 좌석 하단에 보관하여야 한다.
- 모든 객실승무원은 항공기 탑승 후 승객 탑승 전까지 객실 담당구역 내 장착된 모든 기내 안전장비를 점검한다.
- 점검절차는 객실브리핑시 부여받은 담당 ZONE을 위주로 진행한다.
- 점검시 발견된 이상물질이나 기내 안전장비의 이상은 즉시 보고하여 교체 및 수리가 될 수 있도록 조치한다.
- 객실 책임자는 전 객실승무원의 비행 전 객실점검 이상 여부를 기장에게 보고해야 한다.

기내 비치된 안전장비의 종류

(1) 산소 공급 장비

항공기가 순항 중 객실에는 여압장치(Airconditioner pack)를 이용하여 지상과 거의 같은 상태의 산소 공급을 하고 있으며 비상 시(감압/응급환자발생)에는 항공기 내 대용량 산소탱크 또는 자체로 산소를 만들어 낼 수 있는 장치에 연

① 휴대용 산소통(Potable O_2 Bottle)

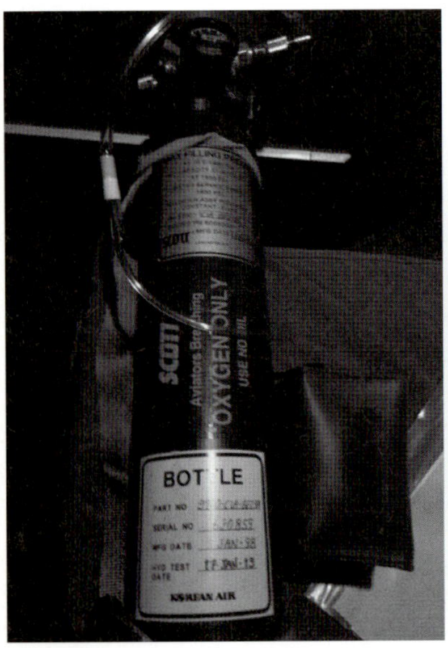

휴대용 산소통 압력게이지

결된 산소마스크와 객실승무원 휴대용 산소통/환자용 대용량 의료용 산소통을 사용하여 승객에게 산소 공급을 하고 있다.

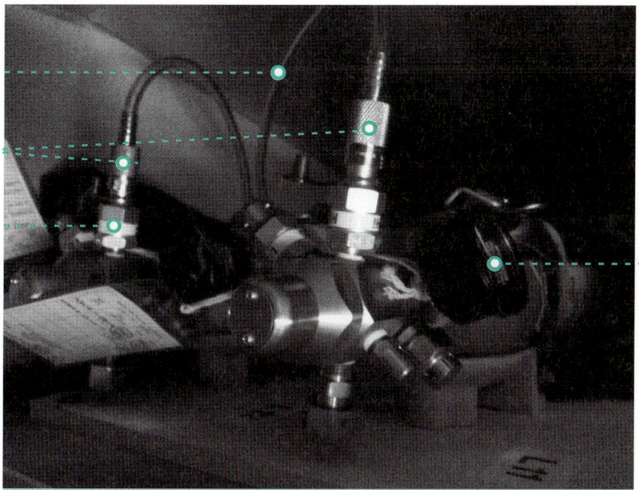

항공기에 세팅된 휴대용 산소통

기능

비상시 산소 공급 장치인 휴대용 산소통이 객실 내 승객수 대비하여 비상구 옆이나 객실승무원의 Jump Seat 아래 또는 주변에 설치되어 있고 사진과 같이 산소마스크에 연결 · 탑재되어 산소 공급이 필요한 사태가 발생하면 별다른 조치 없이 바로 사용할 수 있다. 많은 산소를 필요로 하는 환자 수송시에는 대용량의 산소탱크를 별도로 탑재할 수 있다.
휴대용산소통(Potable oxygen bottle)을 사용하기 위해서는 PO2의 레버를 반시계 방향으로 돌리면 산소공급이 시작되며 HI로 공급 시 1분에 4리터의 산소가 최대 77분까지 공급되고, LO로 공급 시 1분에 2리터의 산소가 154분까지 공급될 수 있다. 모든 PO2 BOTTLE은 내부의 산소가 완전히 소진될 때 까지 사용하면 재충전이 어려우므로 500psi 정도가 남으면 공급을 중지해야 한다.

② 비상시(감압) 승객의 머리 위에서 공급되는 산소마스크

비행 중 항공기의 기내 압력이 서서히 또는 급격히 낮아져 객실 고도가 약 14,000ft가 되면 승객의 안전에 문제가 발생할 수도 있으므로 항공기에 준비된 산소를 공급하는 장치이다. 비행 중 머리 위 보관장소에서 산소마스크가 떨어지고 기내방송이 나오면 모든 승객은 즉시 위에서 떨어진 산소마스크를 잡아당겨(승객이 산소마스크를 잡아당겨야 산소 공급장치에 연결된 핀-pin이 빠지면서 산소가 공급된다) 코와 입에 대고 비행기가 안전고도에 도달한 후 객실 승무원의 지시가 있을 때까지 산소를 공급받아야 한다. 산소마스크에서는 분당 2.5리터의 산소가 공급되고 일단 산소 공급이 시작되면 승객이 멈추게 할 수 없다. 산소 공급 시간은 기종에 따라 다르지만 A380 15분, B747 15분, B777 22분, A330 22분, B737 12분 정도이다.

기능

모든 항공기에는 화학반응식 개별 산소공급 시스템(B777, B737, A330)과 탱크식 산소 공급 시스템(A380, B747)이 장착되어 있다.

(2) 비상탈출 장비(Emergency Evacuation Equipment)

❶ 조난시 위치발신 가능한 송신기 ELT(Emergency Locator Transmitter)

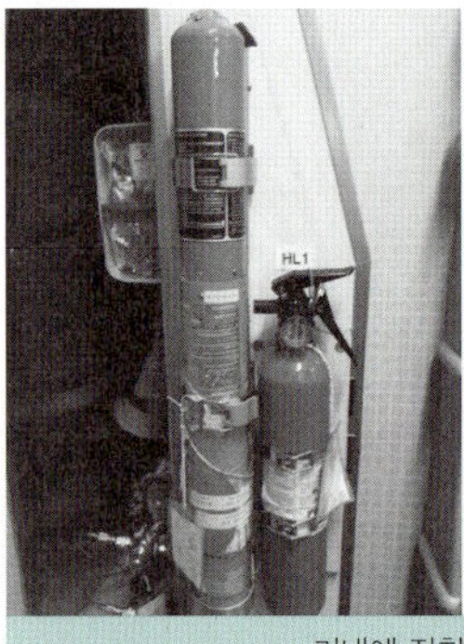

기내에 장착된 ELT 모습

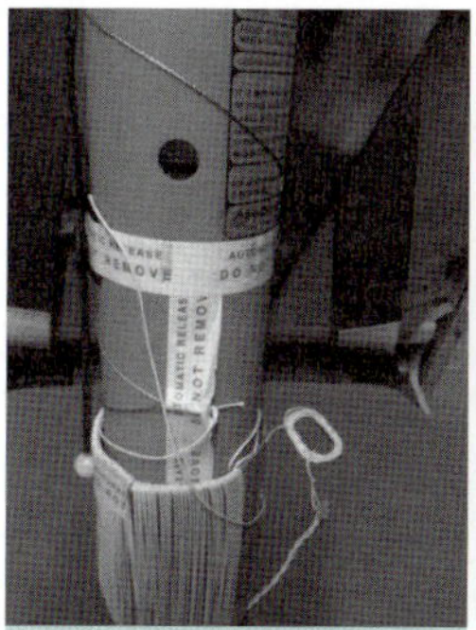
ELT 물 투입구

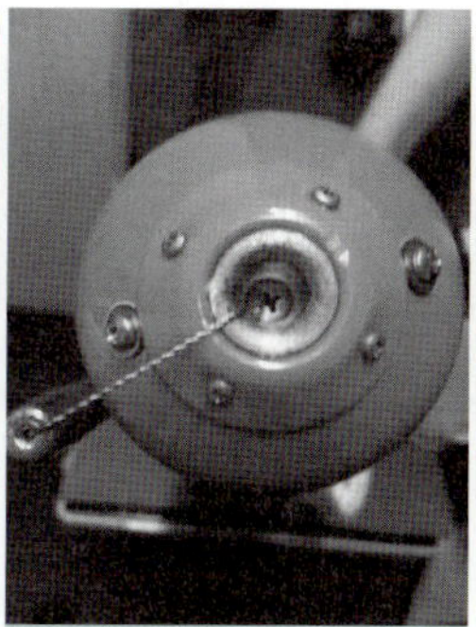
ELT 상단

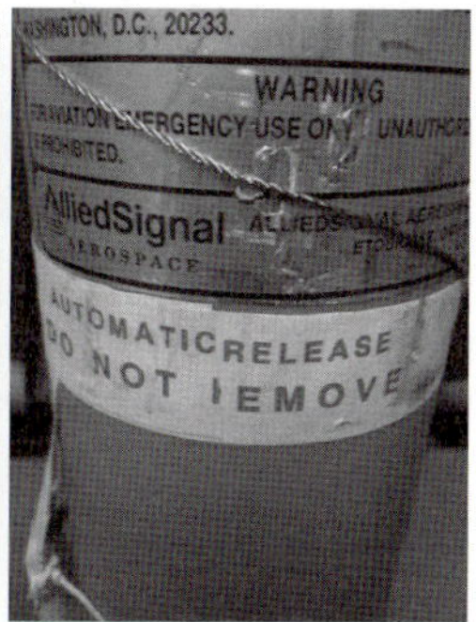

ELT 중단

항공기가 비상착륙, 착수시 자동적으로 신호를 발신하여 구조요청을 할 수 있는 장치이며 조난신호를 장시간 동안 계속 발신하게 된다. 따라서 항공 구조대는 이 장치에서 발신되는 구조신호에 따라 조난된 장소를 발견할 수 있게 된다. ELT는 수분을 넣어야 작동되며, 이때의 수분은 어떠한 형태라도 물과 동일한 액체만 넣어주면 된다.(24~50시간 작동한다)

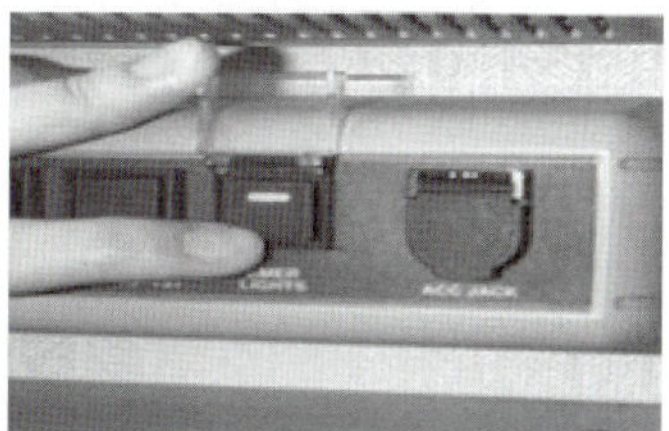
ELS(비상조명장치)

❷ ELS(Emergency Light Switch) : 기내 탈출시 시야를 확보하고 경로를 밝혀주기 위해 사용하는 스위치이며 기내 전원공급이 안 되더라도 자동으로 비상구까지 안내한다. 비상등에는 내부비상등과 외부비상등이 있다.

Escape Strap

❸ Escape Strap : Overwing Exit에서 탈출시 승객의 안정적인 탈출을 위해 날개 위에 고정하는 끈을 말한다

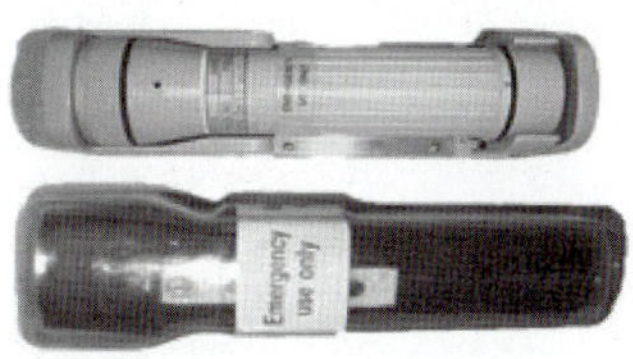

손전등

❹ Flash Light(손전등) : 비상탈출시 승객을 유도하고 시야를 확보하기 위해 사용하며 모든 승무원 좌석에 장착되어 있고 고정된 장치에서 장탈하면 자동적으로 불이 켜지게 되고 모든 손전등은 방수처리가 되어 있다.

메가폰

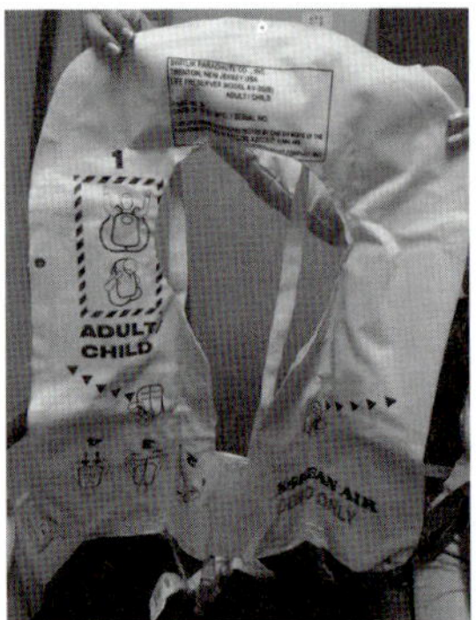

Life Vest 펼친모습

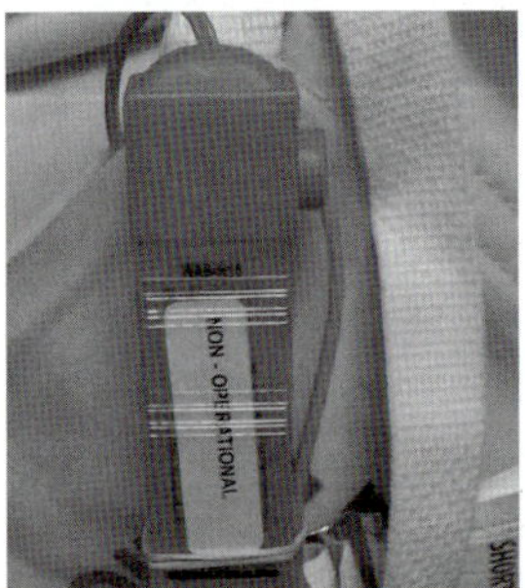

조명배터리

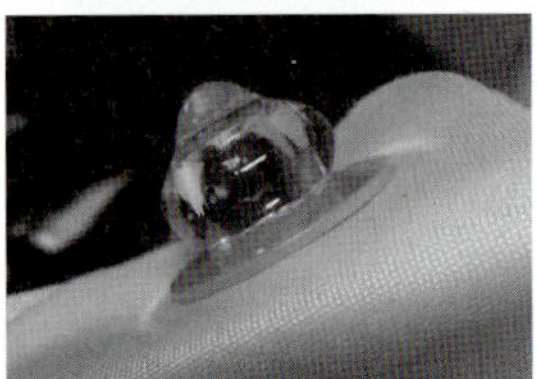

조명등

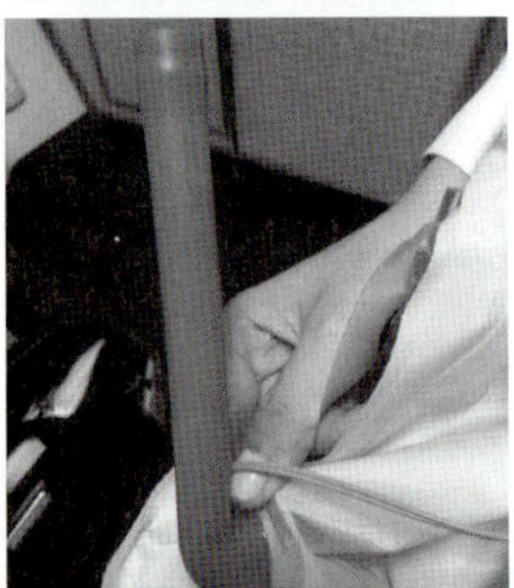

수동팽창용 튜브

⑤ **Megaphone**(메가폰) : 기내의 방송장비를 사용하기 힘든 경우 승객의 탈출지휘를 위해 사용하는 확성기를 말한다.

⑥ **Life Vest**(구명조끼) : 비행기가 바다나 호수에 불시착시 사용하며 승객용은 노란색, 승무원은 적색으로 표시된다. 성인용과 유아용의 구분이 되어 있고 유아용에는 보호자와 연결하는 끈이 장착되어 있다.

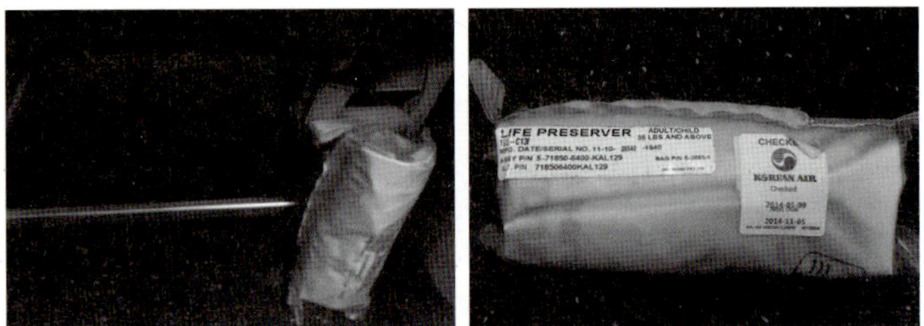

좌석하단에 장착된 승객용 Life Vest

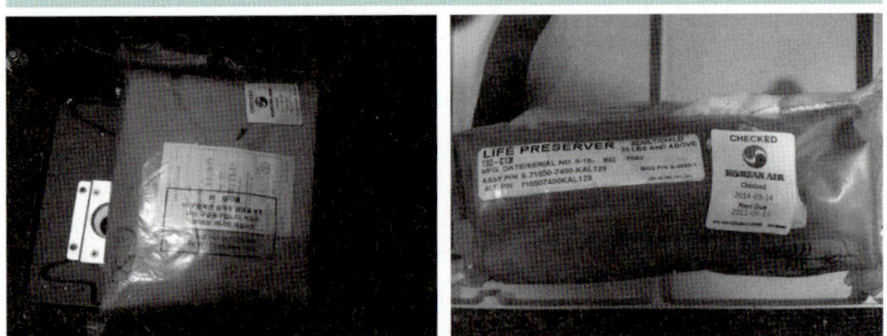

승무원 좌석하단에 장착된 승무원용 Life vest

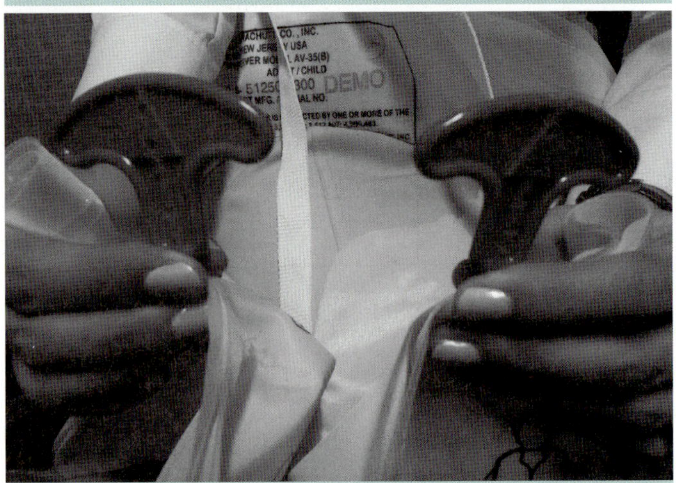

Life Vest 팽창을 위해 당기는 손잡이-아래로 힘차게 당기면 팽창한다.

구명복은 뒤집어서 사용할 수도 있으며 양쪽 공기주입용 붉은색 고무관의 상단 가운데를 누르면 구명복내 공기를 제거할 수 있다. 구명복에 붙어있는 조명등은 Battery 구멍에 물이 들어가면 자동으로 켜지고 약 8~10시간 정도 지속된다. 최근 제작된 사양은 팽창손잡이가 한 개로 되어있는 Single 타입이 많다.

(3) 기내 화재진압 장비

❶ **Halon 소화기** : 유류, 전기, 의류, 종이, 승객짐 등의 모든 화재에 사용. 본체, 핸들, 레버, 노즐, 게이지로 구성되어 있다. 산소를 차단하여 화재를 진압하는 방식이다. 화재로부터 2~3m를 유지하고 수직으로 세워서 분사하며 약 10초~20초간 분사된다.

Halon 소화기 type 1

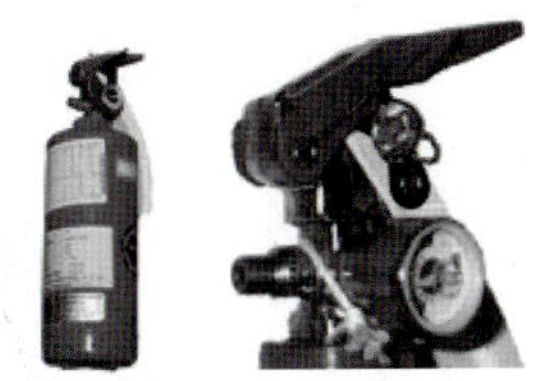
Halon 소화기 type 2

❷ **H_2O 소화기** : 종이, 의류 및 승객짐의 화재에 사용, 유류/전기화재에는 사용금지. 본체, 핸들, 레버, 노즐로 구성되어 있고 할론 소화기로 화재진압 후 재발화 위험을 막기 위해 사용한다. 손잡이를 시계방향으로 돌리면 이산화탄소 탱크가 열리며 압력이 가해져 분사할 수 있게 된다. 소화액은 부동액 성분을 함유되어있어 마시면 위험하고 약 40초간 분사된다.

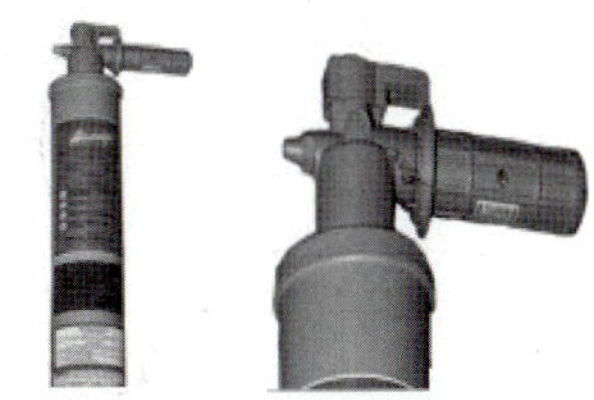
H_2O 소화기

❸ **열감지형 소화기** : 화장실 쓰레기통 화재에 사용(화장실 쓰레기통 내부에 장착됨)하며 화장실 쓰레기통 내부가 섭씨 80도 이상 올라가면 자동적으로 소화액을 분사하여 화재를 진압하는 방식이다.

열감지형 소화기

❹ **Circuit Breaker** : 갤리나 기타 장착된 곳의 전기공급 차단시 사용하며 전류의 과부하 발생시 검은색 버튼이 튀어나와 전원공급을 차단시키는 역할을 한다.

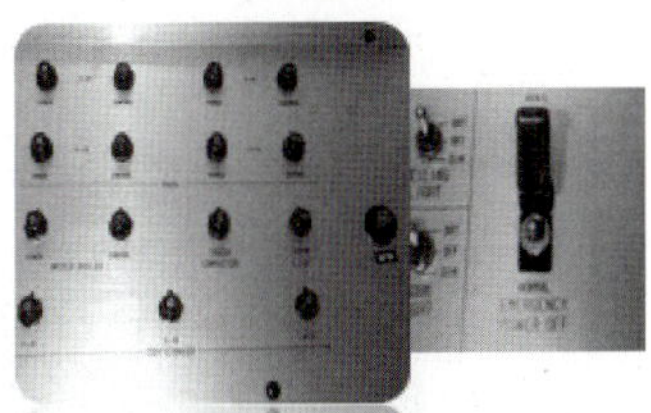
Circuit Breaker

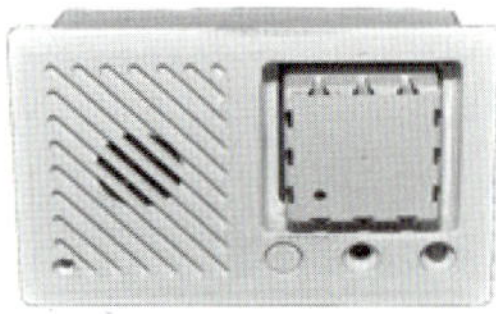

Smoke Detector

⑤ Smoke Detector : 화장실/승무원용 벙크(Crew Bunk) 내 연기, 화재감지 역할을 하고 연기 감지시 고음의 경고등과 함께 적색의 경보 점멸등이 점등된다.

손도끼

⑥ 손도끼(Crash Axe) : 기내 화재시 진압할 곳의 방해가 되는 장애물을 부수는 데 사용하며 조종실 내에 보관되어 있다.

석면장갑

⑦ 석면장갑(Asbestos Gloves) : 기내 화재시 뜨거운 물체를 잡는 데 사용한다. 불연성 재질인 석면을 이용하여 만든 장갑으로 뜨거운 물체나 불이 붙은 물체를 잡아야 할 경우 사용한다.

⑧ PBE(Protective Breathing Equipment) : 기내 화재시 화재를 진압하는 객실승무원의 호흡을 원활하게 하기 위해 비치된 소화용구. 안면보호와 호흡 보조장구로 15분 정도 사용할 수 있다. 방염소재로 진공포장되어 있으며 승무원은 비행 전 정위치 보관 여부, 진공상태를 확인해야 한다. 작동시 잠시 동

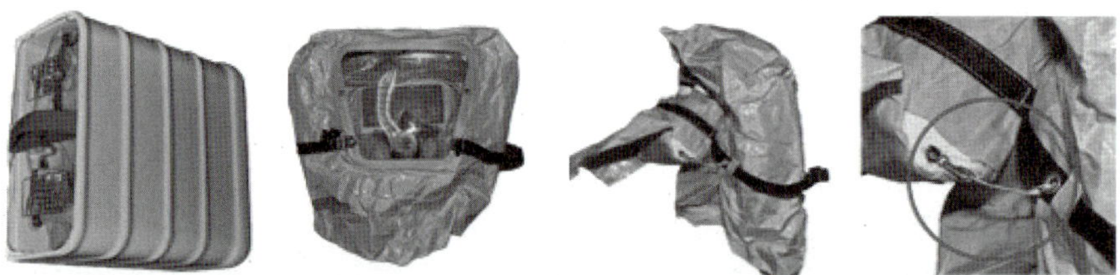

Puritan PBE

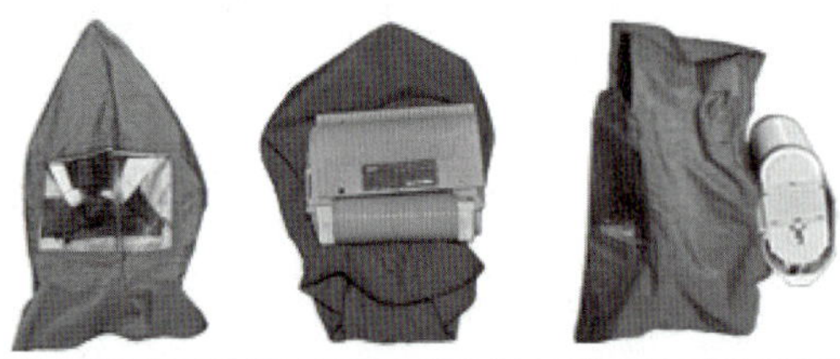

Scott PBE

PBE(Puritan)

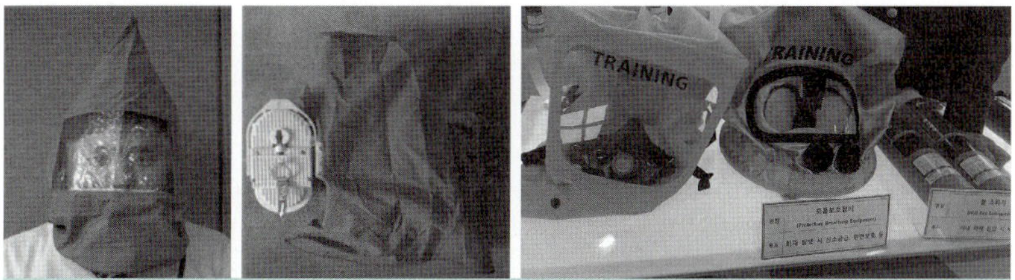

PBE(scott)

PBE(Protective Breathing Equipment)는 제조사에 따라 Puritian Type과 Scott Type의 2가지 종류가 사용되고 있다.

안 귀가 '뻥'하고 울리며 순간적인 두통과 귀 울림이 발생할 수 있다. 사용 시간이 지나면 PBE 내부의 온도가 상승하기 때문에 신속히 벗어야 한다.

⑨ Smoke Goggle(눈 보호기)

화재를 진압할 때 연기로부터 시야를 확보하거나 눈을 보호하기 위해서 사용하며 유독가스와 연기가 발생한 곳에서 사용한다.

Smoke goggle

⑩ Smoke Barrier(연기차단 패널)

항공기 중 2층으로 제작되어 있는 기종에 설치되어 있으며 아래층 객실(Main Deck)에서 화재 발생시 연기가 계단을 통해 이층 객실(Upper Deck)로 올라오는 것을 방지하기 위한 장치이다. B747-400/ B747-8i/ A380 항공기 아래층 객실에서 이층 객실로 올라가면 계단 위쪽 끝에 설치되어 있다.

계단 제일 상단부에 아래층 화재시 연기 유입 방지를 위한 Smoke Barrier가 설치되어 있다.

⑪ Master Power Shut off Switch(주 전원차단 스위치)

항공기 갤리 내 화재가 발생한 경우 해당 갤리의 모든 전원을 한꺼번에 차단하는 역할을 한다.

B737갤리-장착되지 않음

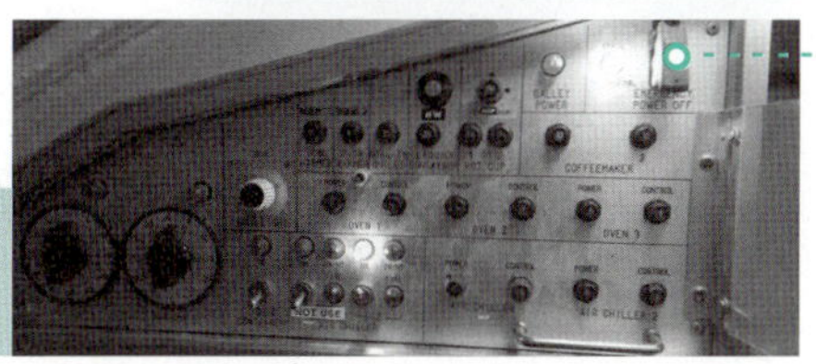

Master Power Shut Off Switch

B747 갤리-장착된 모습-오른쪽 제일 위쪽 빨간색 스위치

(4) 응급 의료장비

의료장비는 항공기 순항 중 응급환자와 일반 환자 발생시 신속한 대처를 위해 탑재되며, 종류에는 EMK, FAK, MEDICAL BAG, AED, RESUSITATOR BAG, UPK, STRETCHER, ON BOARD WHEELCHAIR가 있다.

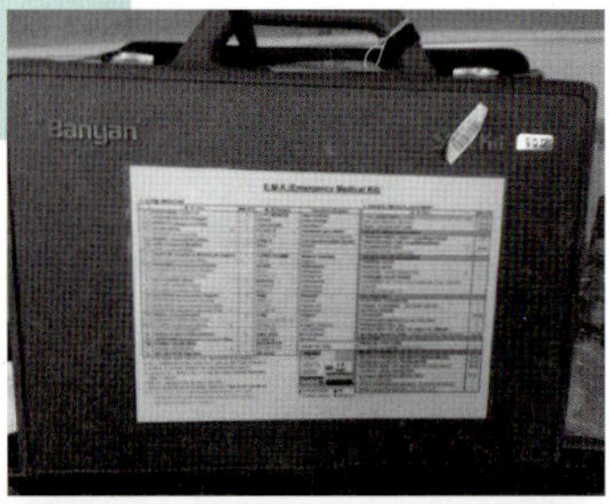

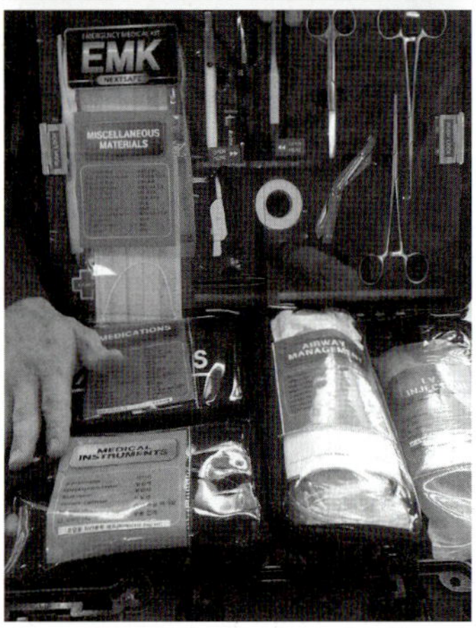

❶ **EMK**(Emergency Medical Kit) : 응급환자 발생시 의료진에 의한 전문적이고 기술적인 치료를 위해 탑재되며 의료인만 사용할 수 있다. 기내에서 인정하는 의료인은 의사, 한의사, 치과의사, 간호사, 조산사이다. 일명 반얀키트(Banyan Kit)라고도 한다. 지상에서 점검시 EMK의 정위치와 SEAL 상태를 점검한다.

내용물은 설명서/청진기/혈압계/인공기도/주사기/정맥주사용 카테터/항균소독포/의료장갑/도뇨관/수액세트/지혈대/거즈/반창고/외과용 마스크/탯줄집게/비수은 체온계/인공호흡용 마스크/펜라이트/아드레날린/항히스타민제/포도당/니트로글리세린/진통제/항경련제/기관지 확장제/진토제/아트로핀 주사액/이뇨제/부신피질 스테로이드/자궁수축제/생리식염수/아스피린 등이 들어 있다.

❷ **FAK**(First Aid Kit) : 일반적인 환자에 사용할 수 있는 구급상자로 좌석수에(50석당 1개) 비례해서 탑재되고 있으며 평상시에는 봉인(Sealing)되어 있다. 지상에서 점검시 정위치와 수량, SEAL 상태를 점검한다.

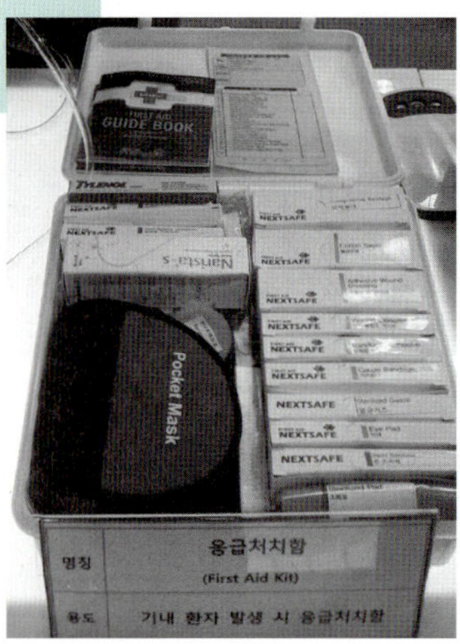

내용물로는 거즈용 붕대/화상치료거즈/멸균거즈/지혈압박용 거즈/부목/일회용 밴드/삼각건 및 안전핀/멸균면봉/베타딘 스와프/반창고/상처봉합용 테이프/안대/체온계/인공호흡용 마스크/수술용 접착 테이프/일회

용 의료장갑/손세정제/가위/핀셋/응급처치요령 설명서/암모니아 흡입제/타이레놀/멀미약/항진경제/점비액/항히스타민제/제산제/지사제가 들어 있다.

③ MEDICAL BAG : 일정직급 이상의 객실승무원이 소지하고 있는 상비약이다. 내용물로는 소화제/정노환/일회용 밴드/화상처치용 연고/베타딘 스와프/안티푸라민/인공눈물/타이레놀/항히스타민제/얼음주머니/멀미약/진통제 등이 들어 있다.

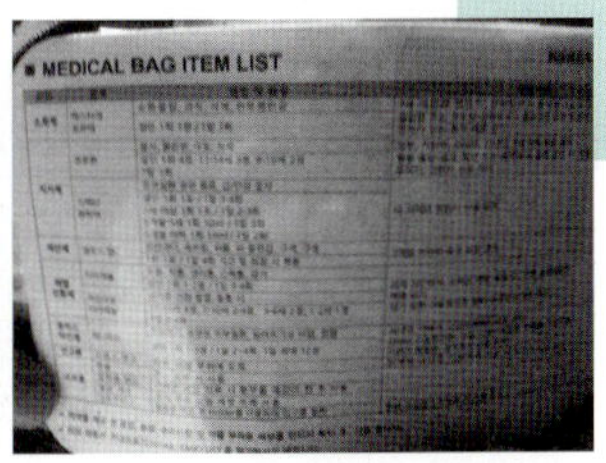

④ AED(Automated External Defibrillator) : 호흡과 맥박이 없는 심장질환 환자에게 전기충격을 주어 심장기능을 복구할 수 있도록 도와주는 의료기구이며 본체와 연결접착면 그리고 가슴털을 제모할 때 사용하는 면도기로 구성되어 있다.

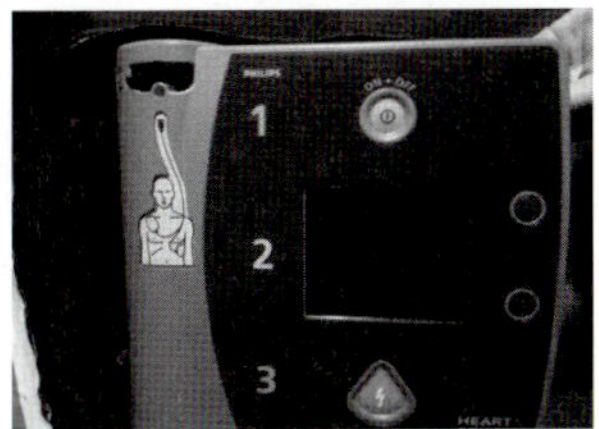
AED

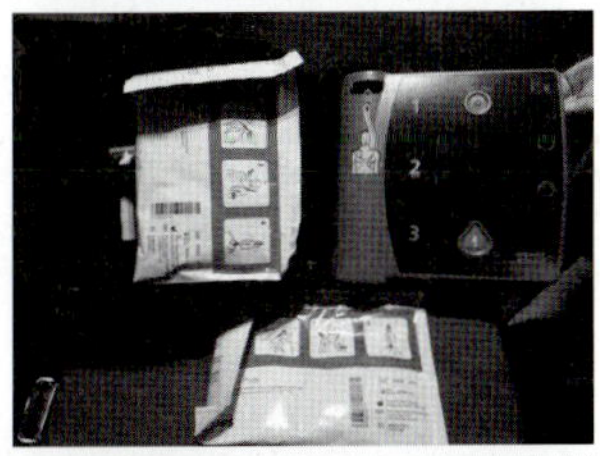

⑤ RESUSITATOR BAG : 인공호흡이 어렵거나 힘들 때 사용하는 기구로서 구조 호흡기라고 도 한다.

⑥ UPK(Universal Precaution Kit) : 환자의 체액이나 타액으로부터 오염을 방지해 주는 장비이다. 내용물 구성은 마스크, 장갑, 가운, 거즈, 주사바늘 폐기용 통 등이 포함되어 있다.

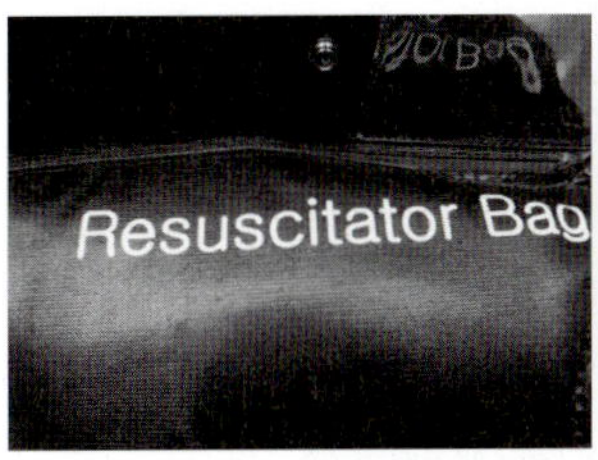

엠부백-AMBU BAG

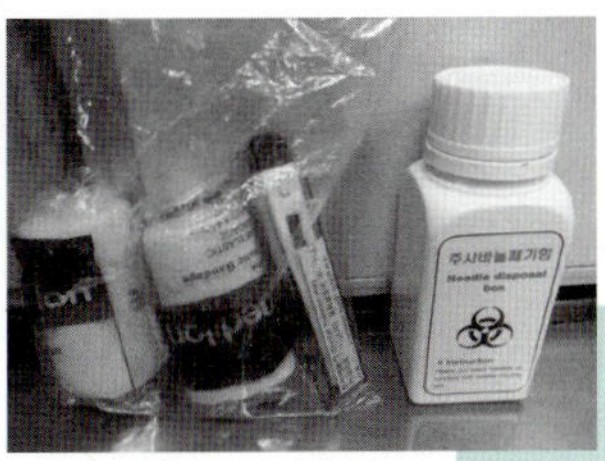

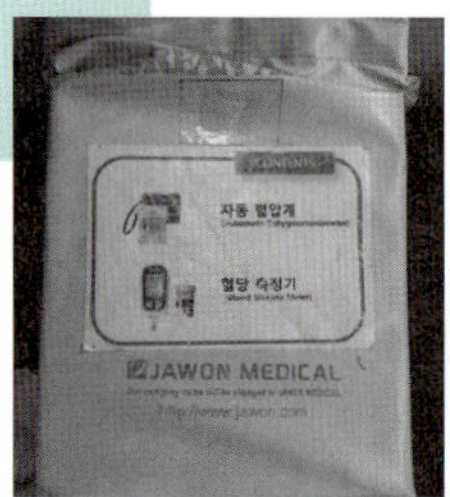

자동혈압계

⑦ **자동혈압계** : 기내 환자 발생시 환자의 혈압을 자동으로 측정할 수 있는 장치로 혈당측정기가 내부에 동봉되어 있어 혈압/당뇨를 측정하는 데 사용한다.

⑧ **STRETCHER** : 움직일 수 없는 환자의 이동에 사용되는 이송용 침대이며 일반석 6석을 이용하여 장착한다.

현재 기내장착용 스트렛처

차세대 신형항공기의 스트렛처

on Board Wheelchair

⑨ **ON BOARD WHEELCHAIR** : 지상에서 사용하는 휠체어는 기내 복도가 좁아 진입이 불가하여 기내에서 사용할 수 있도록 특수 제작된 조립식 휠체어로서 모든 비행기에 장착되어 있다.

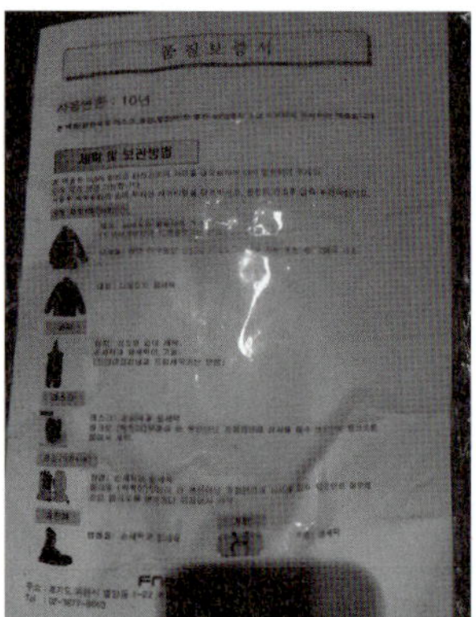
폴라슈트 안내문

(5) 기타 안전/보호장비

① Polar Suit

적지 않은 비행기들이 미국이나 캐나다에서 한국으로 비행할 때 연료절감을 위해 매일 북극항로를 이용하고 있는데 별도의 공항시설이나 편의시설이 전혀 없는 극지방에 비행기가 불시착할 경우를 대비해서 운항 및 객실승무원의 체온유지를 도와주고 승객의 구조 활동을 용이하게 해주는 의복/장갑으로 구성되어 있다. 참고로 미국과 캐나다에서 한국으로 비행하는 모든 항공기가 매번 비행시마다 북극항로를 이용하는 것이 아니라 세계 비행안전 점검기관에서 매일 극지방 우주선과 방사선의 총량을 점검하여

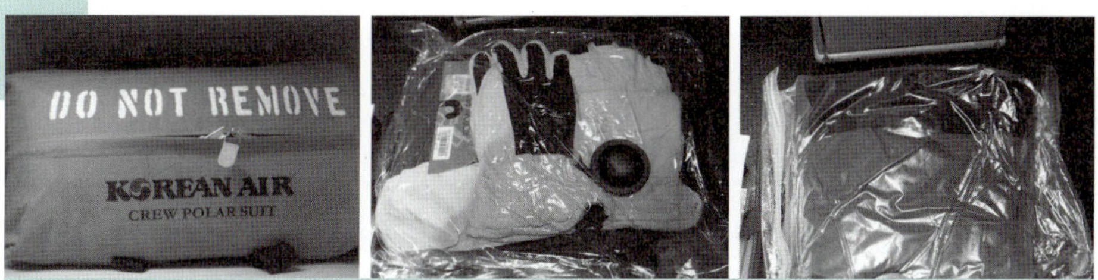

항공기 내 탑재되는 Polar Suit

허용치 수준에 들어야만 북극항로를 이용할 수 있다.(우리가 아름답고 환상적으로 느끼고 있는 오로라도 일종의 우주선이라고 보면 되고 북극항로을 이용하는 이유는 극지방에는 고고도에서 편서풍/제트기류 같은 바람이 불지 않아 비행기가 바람의 영향을 덜 받기 때문에 항공기의 연료를 절약할 수 있고 비행시간을 단축시킬 수 있기 때문이다)

② Safety Belt

항공기 지상 주기시 항공기 내부에서 근무하는 객실승무원과 지상조업원이 항공기에서 낙상하지 않도록 도와주는 안전벨트를 말하며 착용한 후 Door Assist Handle에 연결하여 사용한다. Safety Belt를 착용하면 객실승무원이나 지상조업원이 항공기 문이 열려 있는 상태에서 실수로 항공기에서 발을 헛디뎌 떨어지더라도 지면에 추락하지 않고 공중에 매달려 있게 된다. Safety Belt는 비행기 내부에서 외부로 낙상한 객실승무원이 발생하여 그 후 항공기에 도입되었으며 KE 모든 항공기에 탑재되고 있다.

Safety Belt

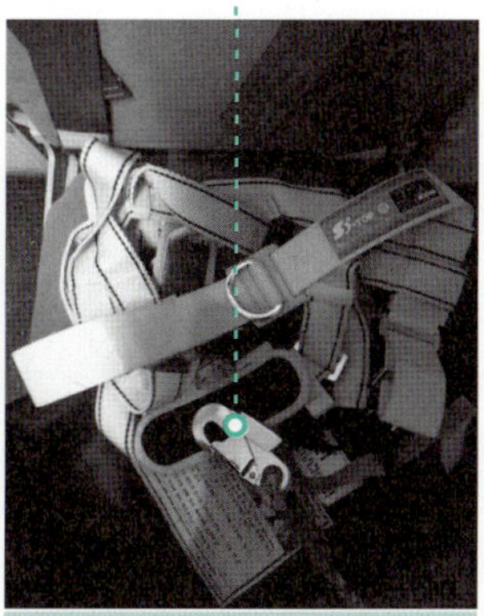

내부 구성품

착용한 모습

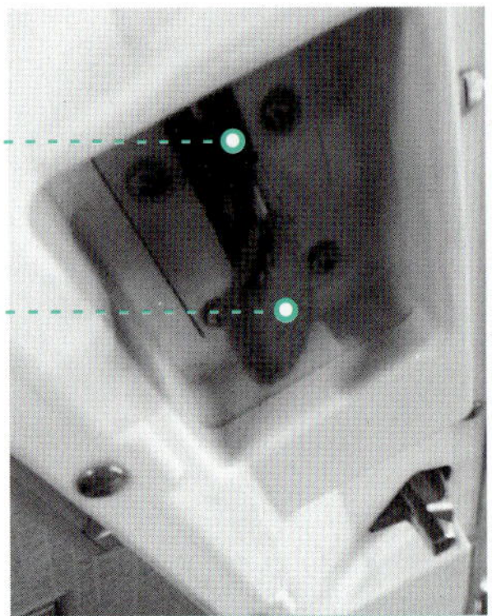

사용하지 않을 때는 이곳으로 말려 들어간다.

섬유재질의 빨간색 손잡이를 잡아 당기면 도어스트랩이 나오게 된다.

Door Safety Strap 감긴 모습

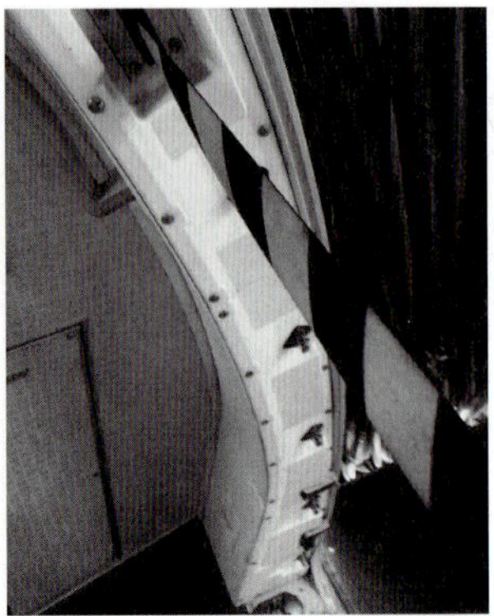

Door Safety Strap 설치된 모습

③ Door Safety Strap

Safety Belt와 비슷한 용도로 사용되며 항공기가 계류장 또는 활주로에 주기시 객실승무원의 낙상으로 인한 상해를 방지하기 위해 항공기 Door 내 · 외부에 설치되어 있는 낙상방지 경고용 끈을 말한다. 아래 오른쪽 사진의 빨간색 손잡이를 잡아 당기면 반대편 Door Frame에 설치할 수 있으며, 놓으면 자동적으로 감겨서 내부로 들어가는 자동형 Safety Strap이 있는 반면 항공기 도어 양쪽에 수동으로 설치해야 하는 수동형 Safety Strap이 있다.

④ 객실승무원 안전교범(COM-Crew Operation Manual 아래 사진 중 빨간색 책 세 권)

객실승무원 안전매뉴얼

예전에는 모든 승무원이 들고 다녔으나 최근에는 팀장급만 소지하고 일반 승무원은 약본이라 하여 간편화된 필수제본만 소지하고 있다. 객실승무원 안전교범은 항공기에 비치되어 운영되며 한국어 버전과 영어 버전 두 가지로 되어 있다. 아래 사진에 객실승무원 안전매뉴얼 3권이 비치된 이유는 분실시를 대비해서 한 권 더 비치하고 있으며 객실승무원 및 항공기 안전/보안/응급처치에 관한 모든 사항이 수록되어 있다.

06 기내 보안장비

항공기 안전운항에 방해되는 기내 불법행위 승객, 난동승객, 항공기 공중납치(Hijacking)에 대비하기 위해 항공기 내 탑재되어 운영되고 국내 항공사별로 약간의 차이는 있을 수 있으나 포승줄, 타이랩, 테이저, 방폭담요, 방탄조끼, 비상벨 등의 보안장비가 운영되고 있다. 이러한 장비는 보안을 위해 승객의 눈에 잘

띄지 않는 기내장소에 보관되어 있으며 매 비행 전, 후 객실승무원에 의해 점검하게 되어 있고 점검일지도 함께 작성해야 한다.

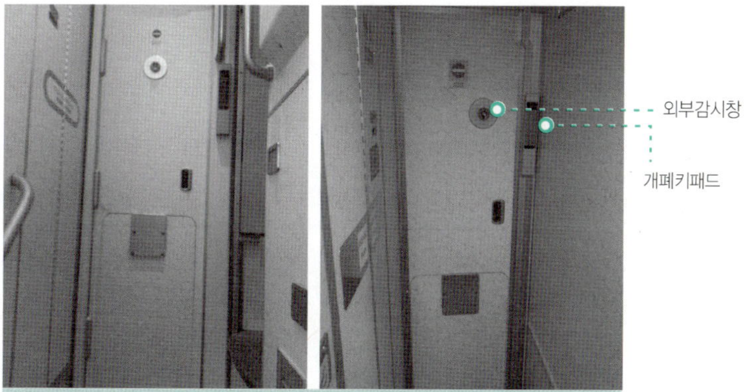

기내보안장비의 일종인 조종실 방탄문

북미의 9 · 11 테러사건 이후 조종실의 보안이 강화됨에 따라 현재 모든 여객기에는 상기와 같은 철저한 방탄문이 설치되어 조종실의 보안을 책임지고 있다.
방탄문의 구성요소는 방탄문 자체와 키패드로 되어 있는데 객실승무원이 용무로 들어갈 때 인터폰 및 음어 그리고 정확한 키패드 숫자를 입력해야만 조종실 출입이 가능하다. 또한 조종실에서 객실승무원 및 출입인원 모두를 출입금지할 수 있는 잠금장치가 있다.

각 보안장비에 관한 설명은 아래와 같다.

포승줄

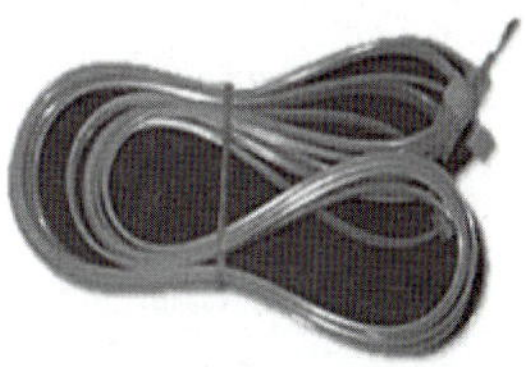
Tie-rap

전자 충격기

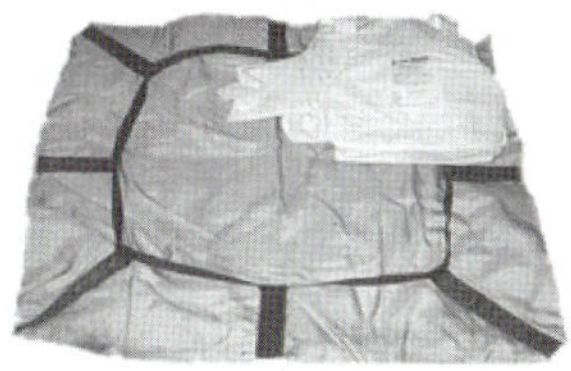
방폭 담요 / 재킷

❶ 테이저 건(Taser Gun)

본체와 전선으로 연결된 두 개의 전극(탐침)을 발사해 상대를 제압하는 전자무기이다. 테이저 건에서 발사된 탐침이 몸에 박히면 순간적으로 전류가 흐르며 근육계가 마비된다. 운동신경의 신호와 비슷한 형태의 전류로 신경계를 일시적으로 교란시키는 것이기 때문에 적은 전류로도 상대를 확실하게 무력화할 수 있다. 테이저 건에 맞은 사람은 격렬한 전신 근육 수축과 감각신경 교란으로 심한 고통을 느끼게 된다. 테이저 건은 상대방과 직접 접촉해야 하는 전기 충격기(스턴 건, Stun Gun)와는 달리 비교적 원거리에서도 사용할 수 있으며 사정거리는 4.5~10.6m로 전극이 들어있는 카트리지 종류에 따라 다르다.

카트리지를 장착하지 않았을 때는 전기 충격기(Stun Gun)처럼 사용이 가능하고 카트리지를 장착하지 않은 테이저 건의 순간 최대 전압은 5만V(볼트)이다. 카트리지를 장착하고 테이저 건에서 전극이 발사되어 사람에게 명중했을 때의 전압은 최대 1,200V, 평균 400V(X26 기준)이다. 전류는 평균 2~3mA(밀리암페어, milliampere)이다. 또한 탐침이 꽂혀있는 상태에서 계속 방아쇠만 당기면 전기충격을 가할 수 있어 기내 난동자 및 하이재킹(Hijaking) 범인의 제압에 효과적이다.

- 테이저 본체 가격 : 약 100만원
- 레이저 빔 가격 : 약 40만원
- 카트리지 가격 : 약 1발당 3만원
- Wire 길이 : 약 6.4m

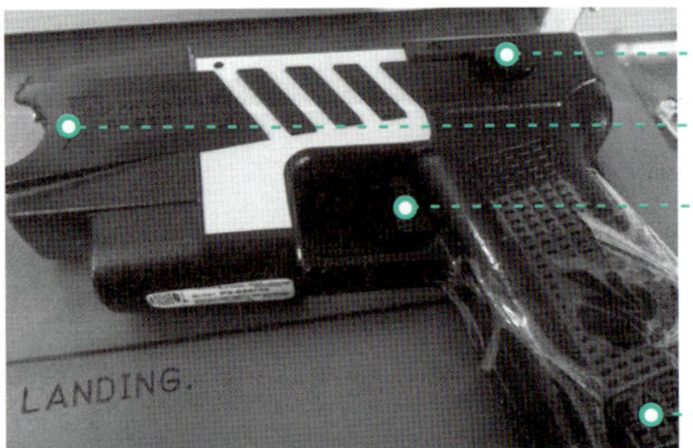

기내에 탑재되는 실물 테이저 건

테이저 사용 4대 원칙

- 승객과 승무원의 생명 위협상황과 항공기 안전운항 위협상황에서만 사용한다.
- 항공기 기내에서만 사용한다.
- 테이저 교육을 이수한 승무원만 사용한다.
- 2인1조로 운반하고 2인1조로 사용한다.

Air-TASER 운영기준

- 탑재 목적

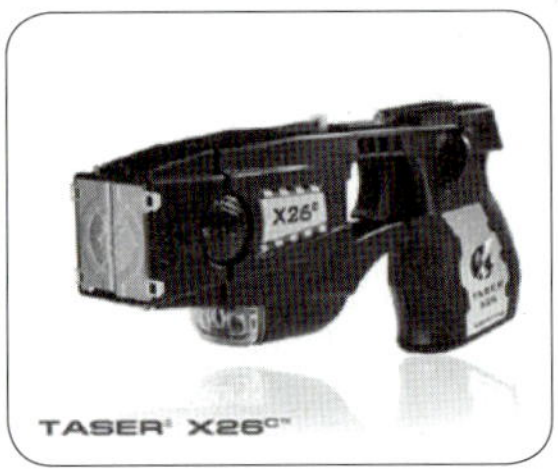

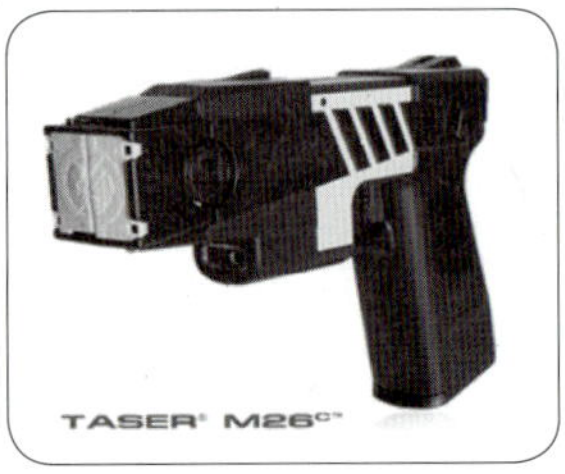

– 기내 난동 및 대 테러에 효과적인 대응방법으로 Air-TASER를 탑재하기로 결정(50,000볼트/26와트/0.5미리암페어)

Air-TASER 사용 규정

- 최종 경고

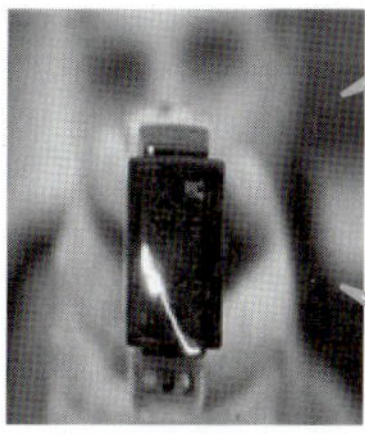

"난동행위를 멈추지 않으면, 전자 충격기를 사용하겠습니다. 자리에서 엎드리고 손을 뒤로 하십시오."

"I will shoot you, if you do not immediately stop these acts of unlawful interference. Throw yourself down on your knees with your hands behind your back.."

Air-TASER 사격 방법

- 사격 방법

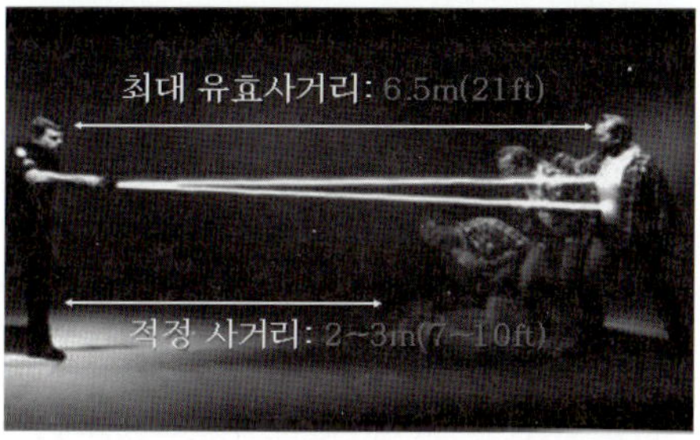

② 스턴 건(Stun Gun)

테이저 건을 발사한 후 더 이상의 실탄을 장전할 수 없을 때 테이저 건은 전기충격기로 사용할 수 있다. 불법난동자의 몸에 총구를 대고 방아쇠만 당기면 총구에서 고압의 전기가 흐르며 전압은 일반적인 것들은 5~50만 볼트이고 전압은 매우 높은 반면, 전류는 수mA로 매우 적기 때문에, 살상 능력은 없다. 고전압 모델(110만 볼트도 있다)과 초소형 저전압 모델이 존재한다. 8만 볼트 이상일 경우, 두꺼운 옷 위에서도 효과가 있으며, 15만 볼트 이상이면 가죽 잠바와 두터운 모피 코트 위에서도 효과가 있다고 한다.

Stun-Gun 사용 방법

- Cartridge가 사용된 것일 경우
- 총구에 Cartridge가 없을 경우

③ 방폭매트(2015년부터 신형 방폭매트 탑재)

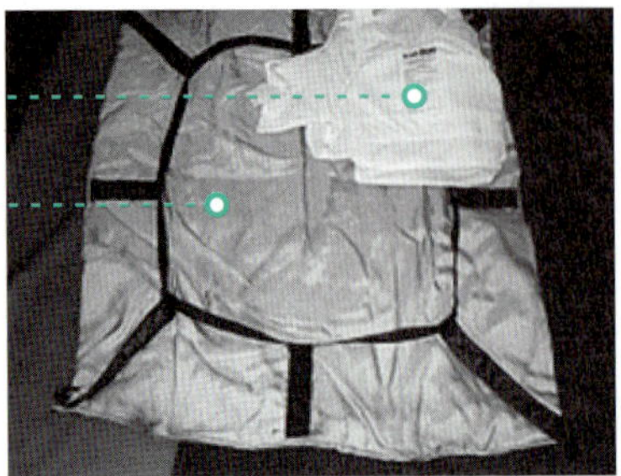

TYPE A(기준)

TYPE A(기준)

방폭매트는 방탄조끼와 한 조를 이루어 기내에 탑재되며 일정 장소에 보관하여 기내 폭발물 발견시 사용하게 된다. 폭발물은 원래 이동하지 않는 것이 원칙이나, 기장의 지시에 의거 항공기 뒤쪽으로 폭발물을 이동시키고 폭발의 힘을 최소화시키기 위해 덮는 MAT이다. 일반적으로 모든 항공기에는 폭발위험 최소구역(LRBL–Least Risk Bomb Location)이 있으며 이는 항공기 오른쪽 제일 뒤 도어 근처를 의미한다. 방폭매트를 사용하였다 해도 폭발물의 폭발을 억제시키는 것은 아니며 폭발위험을 최소화시키는 보안장비이니 유념하도록 하자.

기내 폭발물 발견시 조치사항

- 폭발물이 발견된 장소에서 승객들을 가능한 멀리 대피시킨다.
- 폭발물은 설치된 장소에서 이동하지 않는 것을 원칙으로 하나, 지상에서 승객과 승무원의 안전을 위해 옮기라는 연락을 조종실에서 할 경우 객실승무원은 폭발물을 이동시켜 폭발위험 최소구역(LRBL)으로 옮길 수 있다.
- 폭발물을 이동시킬 승무원은 반드시 방탄조끼를 착용하고 폭발물 하단에 이동방지장치가 없는지 확인한다.
- 폭발위험 최소구역(LRBL)으로 이동 후 승객/승무원의 짐을 깔고 폭발물을 방폭매트 중앙에 놓은 후 방폭매트로 완전히 덮는다.
- 짐을 폭발물 위에 높이 쌓고 단단히 묶은 후 의심물질이 남아 있는지 재검색을 실시한다.

LRBL(폭발위험 최소구역, Least Risk Bomb Location) : 일반적으로 항공기 오른편 제일 끝 도어를 의미한다.

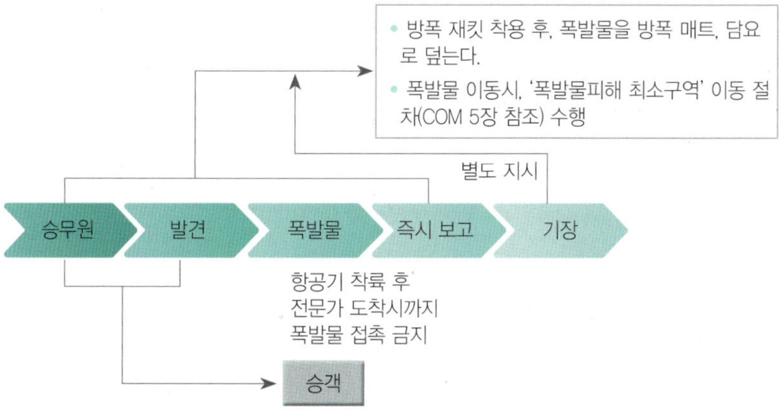

④ 타이랩(Tie Wrap)

타이랩의 용도는 기내 난동자나 불법행위하는 자의 손, 발을 묶는 데 사용하며 전, 후가 구별되어 있으니 반드시 확인하고 사용하도록 해야 한다. 일단 정확히 사용하면 절대로 풀리지 않는 것으로 알고 있으나 2016년 최근 유튜브에 타이랩을 순식간에 풀 수 있는 동영상이 소개된 이후 미국 경찰에서는 범인의 신체를 구속할 수 있는 특수테이프(Tape)를 개발하여 사용하고 있다.

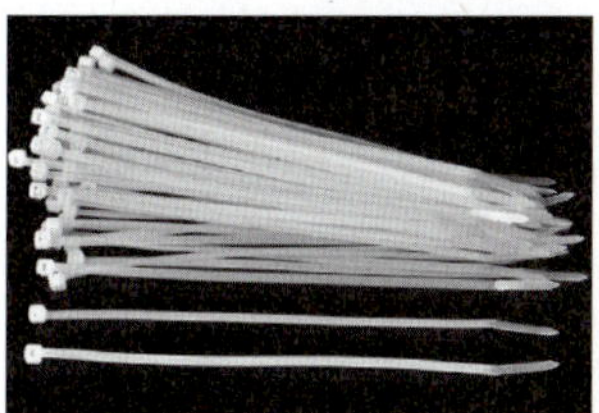
수갑 대신 사용하는 신체 결박용 타이랩 모습

수갑

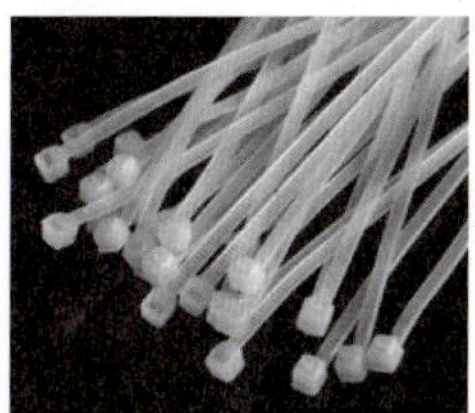
타이랩

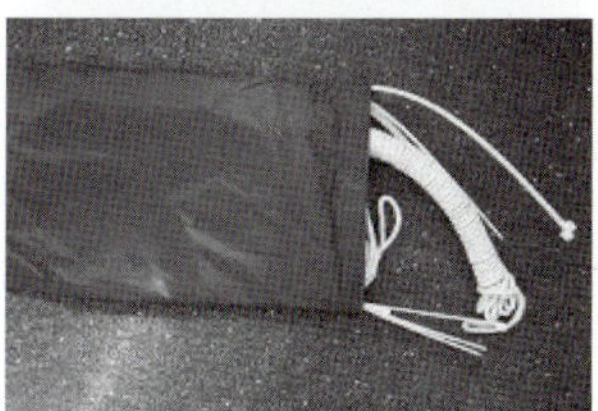
포승줄 : 범인을 움직이지 못하도록 묶을 때 사용한다.

방탄조끼 : 기내 설치된 폭발물을 이동시킬 때 착용하여야 한다.

포승줄과 방탄조끼도 기내 일정한 곳에 함께 비치되어 있다.

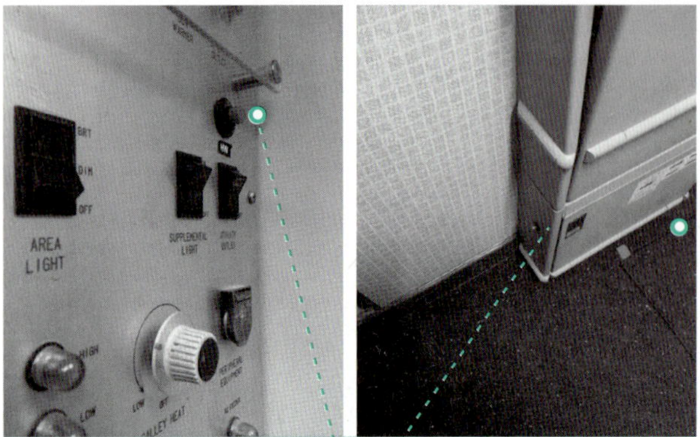

빨간 버튼이 비상벨이다.

비상벨(Emergency Bell)

⑤ **비상벨**(Emergency Bell)

비상벨은 기내 하이재킹이나 테러 발생시 운항 승무원에게 인터폰 사용 없이 객실의 상황을 알릴 수 있는 장치 이며 항공기 내 일정장소에 설치되어 있다. 객실승무원이 누르면 조종실에 버저가 울리며 부저의 길고 짧음으로 객실 긴급상황을 조종사가 알아 들을 수 있도록 되어 있다.

⑥ **포승줄: 범인을 움직이지 못하도록 묶을 때 사용한다.**

2017년부터 탑재되는 신형 포승줄

현재까지 기내에는 면으로 된 하얀색 포승줄이 탑재되어 움직이며 난동을 부리는 승객을 묶기가 매우 힘들었다.하지만 2017년부터는 아래 사진과 같이 한번 작동으로 승객의 몸을 구속시킬 수 있는 신형포승줄이 탑재될 예정이다.

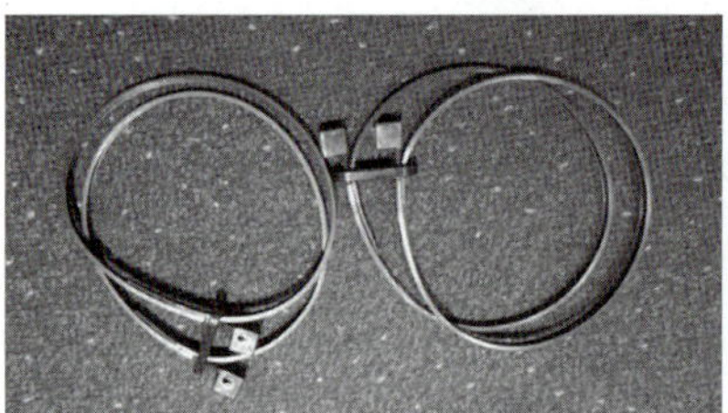
신형포승줄—발 구속장치

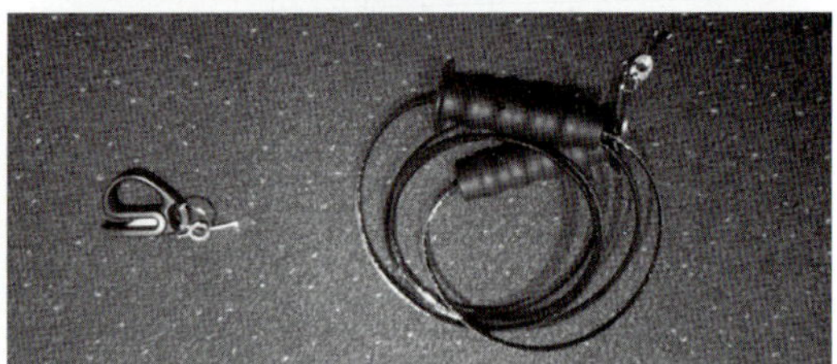
신형 포승줄 접은 모습-왼쪽은 필요 시 포승줄을 자를 수 있는 장치

07 항공기 출입가능 인원

항공기의 출입가능 인원은 운항승무원 및 객실승무원, 신분증을 소지한 항공사직원 또는 지상직원(조업원 포함), 해당편 탑승권 소지승객, 항공안전 감독관 및 보안감독관, 신분증 또는 항공관계 공무원증을 소지한 자로 규정되어 있으며, 기내 비인가자가 출입하려 할 때 객실승무원의 조치는 다음과 같다.

기내 정비사

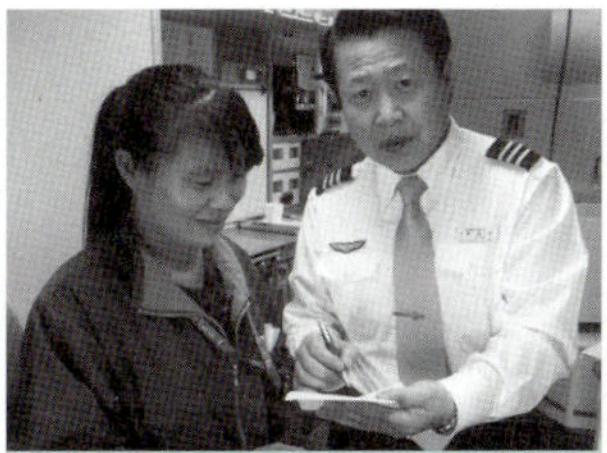

기내 미화인력

기내 조업인력

객실/운항 승무원

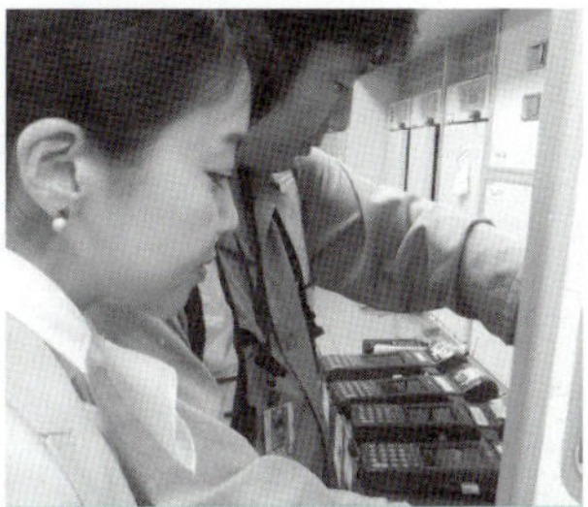

면세품 탑재인력

기내식 보안점검인력

기내식 탑재인력

객실승무원 조치사항

① 객실승무원은 항공기조업원, 객실 및 운항정비사, 보안점검요원, 기내식 탑재인원, 면세품 탑재인원, 기내 미화인력 및 기타 기내 진입직원이 있을 경우 철저한 ID 확인을 통해 비인가자의 출입을 통제한다.

또한 기내 출입증 미소지자가 발견되었을 때는 기내 출입에 필요한 출입증 제시 요구하여야 하며 출입증을 제시하지 못하거나 거부하는 경우 즉시 기장, 캐빈매니저/객실사무장, 운송직원에게 보고하여 공항경찰에 신고 조치될 수 있도록 한다.

② 승객 탑승시에는 모든 승객의 탑승권(날짜, 편명)을 확인하여 비인가자의 출입을 완벽하게 통제한다.

08 안전, 보안 점검시 의심스러운 물건 보고

비행 전 구석진 곳까지 점검하는 저자

❶ 승객 탑승 전 항공기 보안점검

승객 탑승 전, 후 기내 보안점검 요령

모든 승무원은 보안점검 요령에 맞추어 각자의 담당구역에 나와서 동시에 기내 보안점검을 수행한다.
보안점검의 목표는 의심물품이 있는지 점검하는 것으로 보안점검 체크리스트에 따라서 기내의 보관공간을 육안으로 점검한다.

기내 보안점검하는 승무원

기내 보안점검하는 저자

❷ 보안점검 체크리스트

점검 방법

- 객실사무장은 기내 보안점검 CHK-List를 이용 PA로 보안점검을 지시한다.
- 지시에 따라 의심물품이 있는지 육안으로 확인한다.
  - ♣ 의심물품 : 확인이 안 된 봉투, Box, 백색가루, 휴기 등 보안에 저해 물품

주의사항

- 의심스러운 물건 발견 점검 중지, 객실사무장이나 기장에게 보고한다.
- 매 항공편 운항 후에는 Left Behind Item 및 잔류 승객을 확인한다.
- 봉인된 기내식에 이상이 있을 경우 매니저를 불러 해당 물품을 하기하여 재확인 후 탑재한다.
- 보안점검과 기내식 조업이나 청소는 분리 원칙이다.
  단, 항공사 직원의 감독하에 동시 실시 가능하다.

주요 절차

보안점검 Check List

구분		점검 내용	Alert Level 3,2 S	U	N/A	Alert Level 1 S	U	N/A
Cabin	좌석	좌석 상단						
		좌, 우 창측 벽면 구석진 곳						
		Sidewall Stowage Bins [B744 U/D, A380 U/D]						
	통로	Overhead Bin 내부						
		Bulkhead 및 Curtain 주위 구석진 곳						
		객실 Floor 부분						
	Jump seat	Crew Jumpseat 및 Life Vest 보관 장소						
		비상장비 보관 장소						
	Door	Door 주변 구석진 곳						
		Coatroom 내부						
		잡지 Rack 내부						
	CRA	Crew Rest Area [A380, B744, B772, B77WS, A332]						
	VCC	Video Control Center						
	DFS Area	Duty Free Showcase [A380 Only]						
Lavatory	설비	Lavatory Door, Wall 및 Ceiling 주위						
		변기 주변 구석진 곳						
	보관함	휴지, 화장지 보관함						
		세면대 하단 공간						
		쓰레기통						
		거울 뒷면 Comp't 내부 [A380, B772, B773, B77WS]						
Galley	보관함	Galley 내 모든 보관 공간(Oven, 냉장고, Bar 등)						
		Ceiling, Walls 및 Floor						
		쓰레기통 및 Towel 수거함						
		천장에 위치한 Comp't						
		Cart Lift(Elevator) 내부 [A380, B744]						
	탑재 Cart	Cart Sealing						
Cabin	좌석	Seat Pocket 내부						
		EU 공항에서는 모든 Alert Level에서 점검						
		Seat Cushion 하단 및 Life Vest 보관 장소						
		EU 공항에서는 모든 Alert Level에서 5% 점검						

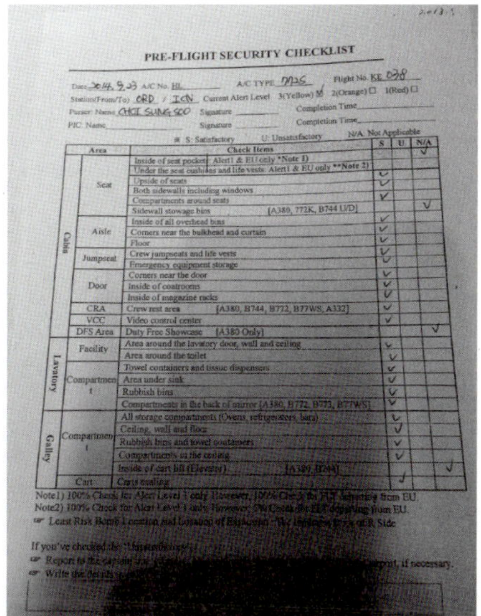

현재 사용되고 있는 실물 보안점검 체크리스트

③ 보안점검 방법

- 좌석 상단, 객실 바닥, Crew Rest Area, Jump Seat 의심 물품이 있는지 파악
- 모든 Curtain은 들춰서 구석진 곳을 점검
- 모든 Comp't는 열어서 점검

- Lavatory Door, Wall 및 Ceiling(천장) 주위 뜯겨진 흔적이 있는지 점검
- Comp't를 직접 열어 점검(휴지, 화장지 보관함, 세면대 하단, 쓰레기통, 거울)

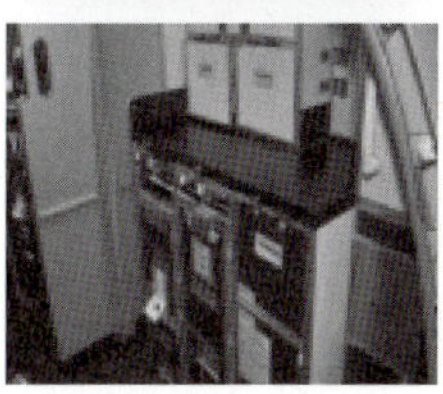

- 모든 Comp't 점검(Oven, 냉장고, 쓰레기통 등)
- 천장에 위치한 Comp't/Cart Lift 내부(747,380)
- Seal(봉인) 상태 확인

- 보안장비 점검은 비행 전 보안점검시에 실시한다.
- 점검 중 의심스러운 장치, 가방, 액체, 물건 등을 발견시 즉시 점검을 중지하고 의심스러운 물건을 만지거나 분해하지 않고 이동시키지 않도록 하며 객실사무장/캐빈매니저 및 기장에게 보고하여 공항경찰 등 관계 기관에 신고될 수 있도록 한다.
- 기내식은 전용용기에 담겨 봉인되어져 기내 탑재된다. 이후 승무원에 의해 봉인상태(Sealing)를 점검받게 되며 봉인상태에 이상이 있을 시에는 기내식 탑재담당자를 불러 내용물을 재검사하도록 한다. 재검색 후에도 이상이 있을 시에는 해당 물품을 하기시켜 재확인 후 재탑재되도록 한다.
- 객실승무원은 보안점검을 끝낸 다음 객실사무장/캐빈매니저에게 이상 유무를 보고하고 객실사무장/캐빈매니저는 보안점검 결과를 기장에게 보고한다.

항공기 각종 시설 및 기용품, 기내식 봉인에 사용하는 Seal-색깔은 항공사별로 차이가 있을 수 있다.

09 항공기 기종별 필수 점검 장소

2017년 8월 현재 국내에서 운항되고 있는 13종류 항공기의 객실 형태 및 승객 탑승 전 주요 점검 장소는 다음과 같다.

- **협동체**(Narrow Body) : 기내 복도가 1개인 동체 폭이 좁은 비행기
- **광동체**(Wide Body) : 기내 복도가 2개인 동체 폭이 넓은 비행기

항공기별 자세한 객실구조는 저자가 집필한 '항공기 객실구조 및 비행안전' 교재에 충분히 사진과 함께 설명되어 있으니 참고하도록 하자.

❶ CRJ-200(울산 유스카이 항공사용 예정 : 협동체, Narrow Body) **지상에서 안전, 보안 점검시 유의장소**

Door 주변, 오버헤드빈(Overhead bin), 갤리(Galley), 쓰레기통(Waste container), 화장실(Lavatory), 좌석 하단, Seat Pocket, FAP(Flight Attendant Panel) 주변, 조종실 주변(Cockpit area)

❷ B737-700(이스타, 아사아나항공 : 협동체, Narrow Body) **지상에서 안전, 보안 점검시 유의장소**

각 Door 주변, Overwing Exit(날개 위 비상구) 주변, 오버헤드빈, 코트룸(Coat room), 갤리, 쓰레기통, 화장실, 좌석 하단, Seat Pocket, 면세품 및 Meal Cart 보관장소, 잡지보관대(Magazine rack) 내부, 조종실 주변

❸ B737-800(대한항공, 아시아나항공, 제주항공, 진에어, 이스타항공, 티웨이항공 : 협동체, Narrow Body) **지상에서 안전, 보안 점검시 유의장소**

각 Door 주변, 오버헤드빈, 코트룸, 갤리, 쓰레기통, 화장실, 좌석 하단, Seat Pocket, 면세품 및 Meal Cart 보관장소, 잡지보관대 내부, 조종실 주변, 얼음 보관장소 내부, 비디오 상영장치 주변

❹ B737-900(대한항공, 진에어 : 협동체, Narrow Body)

지상에서 안전, 보안 점검시 유의장소

각 Door 주변, 오버헤드빈, 코트룸, 갤리, 쓰레기통, 화장실, 좌석 하단, Seat Pocket, 면세품, Meal Cart 보관장소, 잡지보관대 내부, 조종실 주변, 얼음 보관장소 내부, 비디오 상영장치 주변

❺ A320(아시아나항공, 에어부산 : 협동체, Narrow Body)

지상에서 안전, 보안 점검시 유의장소

각 Door 주변, 오버헤드빈, 코트룸, 갤리, 쓰레기통, 화장실, 좌석 하단, Seat Pocket, 면세품 및 Meal Cart 보관장소, 잡지보관대 내부, 조종실 주변

❻ A321(아시아나항공, 에어부산 : 협동체, Narrow Body)

지상에서 안전, 보안 점검시 유의장소

각 Door 주변, 오버헤드빈, 코트룸, 갤리, 쓰레기통, 화장실, 좌석 하단, Seat Pocket, 면세품 및 Meal Cart 보관장소, 잡지보관대 내부, 조종실 주변

❼ A330-200(대한항공, 아시아나항공 : 광동체, Wide Body) 지상에서 안전, 보안 점검시 유의장소

각 Door 주변, 오버헤드빈, 갤리, 쓰레기통, 코트룸, 화장실, 좌석 하단, Seat Pocket, 승무원 Bunk, 면세품 및 Meal Cart 보관장소, 잡지보관대 내부, 조종실 주변, 냉장고 내부, Crew Bunk, 오븐 내부, 비디오 상영장치 주변

⑧ **A330-300**(대한항공 : 광동체, Wide Body) **지상에서 안전, 보안 점검시 유의장소**

각 Door 주변, 오버헤드빈, 코트룸, 갤리, 쓰레기통, 화장실, 좌석 하단, Seat Pocket, 면세품 및 Meal Cart 보관장소, 잡지보관대 내부, 조종실 주변, 냉장고 내부, 오븐 내부, 비디오 상영장치 주변

⑨ **B777-200**(대한항공, 아시아나항공, 진에어 : 광동체,Wide Body) **지상에서 안전, 보안 점검시 유의장소**

각 Door 주변, 오버헤드빈, 갤리, 코트룸, 쓰레기통, 화장실, 좌석 하단, Seat Pocket, 승무원 Bunk, 면세품 및 Meal Cart 보관장소, 잡지 보관대 내부, 냉장고 내부, 오븐내부, 조종실 주변, 비디오 상영장치 주변

⑩ **B777-300**(대한항공 : 광동체, Wide Body) **지상에서 안전, 보안 점검시 유의장소**

각 Door 주변, 오버헤드빈, 코트룸, 갤리, 쓰레기통, 화장실, 좌석하단, Seat Pocket, 면세품 및 Meal Cart 보관장소, 잡지보관대 내부, 조종실 주변. 냉장고 내부, 오븐 내부, 비디오 상영장치 주변

⑪ **B747-400**(대한항공, 아시아나항공 : 광동체, Wide Body) **지상에서 안전, 보안 점검시 유의장소**

각 Door 주변, 오버헤드빈, 코트룸, 갤리, 쓰레기통, 화장실, 좌석하단, Seat Pocket, 승무원 Bunk,면세품 및 Meal Cart 보관장소, 잡지보관대 내부, 냉장고 내부, 오븐 내부, 조종실 주변, 계단 주변, 엘리베이터 내부, 비디오 상영장치 주변

⑫ B747-8i(대한항공 : 광동체, Wide Body) 지상에서 안전, 보안 점검시 유의장소

각 Door 주변, 오버헤드빈, 코트룸, 갤리, 쓰레기통, 화장실, 좌석 하단, Seat Pocket, 승무원 Bunk, 면세품 및 Meal Cart 보관장소, 잡지보관대 내부, 냉장고 내부, 조종실 주변, 계단 주변, 엘리베이터 내부, 오븐 내부, 비디오 상영장치 주변

⑬ A380(대한항공, 아시아나항공 : 광동체, Wide Body) 지상에서 안전, 보안 점검시 유의장소

각 Door 주변, 오버헤드빈, 코트룸, 갤리, 쓰레기통, 화장실, 좌석 하단, Seat Pocket, 승무원 Bunk, 1 · 2층 각종 Bar 주변, 면세품 및 Meal Cart 보관장소, 냉장고 내부, 잡지보관대 내부, 조종실 주변, 계단 주변, 엘리베이터 내부, 오븐 내부, 비디오 상영장치 주변, 기내 판매전시대, 계단 주변

Chapter

03

항공기 이륙 전 **안전, 보안** 관리하기

1. 탑승객 좌석안내
2. 의심스러운 승객(Suspicious Passenser) 발견시 보고
3. 항공기 DOOR CLOSE
4. 객실 안전점검
5. 푸시백(Push Back) 전 객실 준비사항

Chapter 03

항공기 이륙 전 **안전, 보안** 관리하기

수행 준거

- 객실 안전 규정에 따라 승객에게 좌석벨트 착용 안내를 정확하게 할 수 있다.
- 객실 안전 규정에 따라 미착석 승객을 확인하고 착석을 유도할 수 있다.
- 객실 안전 규정에 따라 객실 수하물 선반 잠금상태를 확인하고 조치할 수 있다.
- 객실 안전 규정에 따라 설비 잠금상태를 확인하고 조치할 수 있다.
- 객실 안전 규정에 따라 비상시 관련정보를 제공할 수 있다.
- 객실 안전 규정에 따라 해당 항공기 문 슬라이드를 비상상태로 변경할 수 있다.
- 객실 안전규정에 따라 비상구 좌석에 위치한 승객에게 비상시 행동요령과 협조를 안내할 수 있다.
- 객실 안전 규정에 따라 창문덮개를 원위치하도록 안내할 수 있다.
- 객실 안전 규정에 따라 좌석 등받이와 앞 선반을 원위치하도록 안내할 수 있다.
- 객실 안전규정에 따라 좌석벨트 착용을 확인하고 점검할 수 있다
- 객실 안전 규정에 따라 항공기 탑승 후 다시 하기를 원하는 승객에 대하여 신속히 보고할 수 있다.
- 객실 안전 규정에 따라 의심스러운 승객 또는 돌발상황에 대해 선임자에게 보고할 수 있다.
- 객실 안전 규정에 따라 승객에게 전자기기 사용 금지 안내 방송을 하고 조치할 수 있다.

(인용출처: NCS 홈페이지–항공객실서비스)

항공기 이 · 착륙 전 모든 객실승무원은 승객의 안전을 위해 필수적인 안전 활동을 수행함과 동시에 승객에게 정보제공 및 안내를 하여야 한다.

01 탑승객 좌석안내

인천 국제공항에서 출발하는 국내의 모든 국제선 항공기의 탑승시점은 일반적으로 출발 30분 전에 실시함을 원칙으로 하고 있다.(A380 항공기와 해외 특정 공항에서는 출발 40분 전에 실시하는 경우도 있다) 승객 탑승시 객실승무원은 객실브리핑시 지정된 담당구역에서 탑승하는 승객에게 일일이 탑승환영 인사 및 탑승권 재확인을 실시하며 좌석을 안내하고 승객의 수하물의 보관 및 정리에 협조한다. 당일 출발편 좌석여유가 많은 경우 대부분의 승객이 지정된 자리보다 좀 더 넓고 편한 곳으로 옮기려 하는데 이때 객실승무원은 승객이 소지한 탑승권에 명시된 좌석에 앉도록 안내하여야 한다.

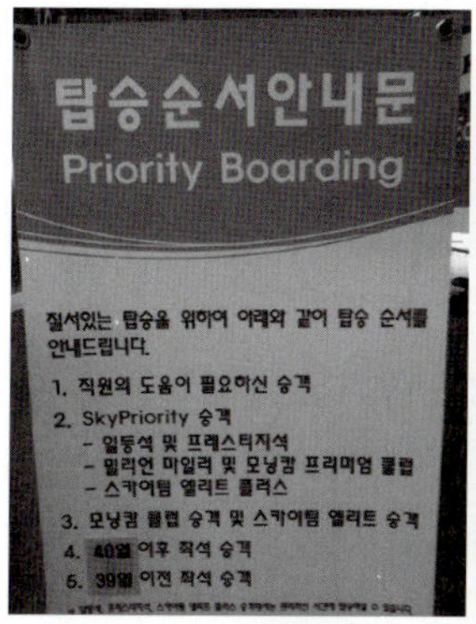

좌석안내시 객실사무장/캐빈매니저에게 보고해야 될 승객 유형

- 탑승권의 날짜, 편명이 틀린 승객
- 만취한 상태 또는 약물에 중독된 것으로 보이는 승객
- 전염병을 앓고 있는 승객
- 정신적으로 불안하여 다른 승객을 위험에 빠뜨릴 수 있는 승객
- 타인에게 심한 불쾌감을 줄 수 있는 승객
- 수하물 운송 규정에 어긋난 지나치게 크거나 무거운 물품을 휴대한 승객
- 제한품목 또는 운송금지 품목을 소지한 승객

제한 품목(SRI : Safety Restricted Item) 소지 승객

다른 승객에게 위해를 가할 수 있는 총포류, 칼, 가위, 송곳, 톱, 골프채, 건전지 등 인명, 항공기 안전 및 보안에 위험을 줄 가능성이 있는 품목으로 기내 반입은 불가하며 위탁수하물에 넣어 탁송해야 한다. SRI는 목적지에 도착 후 수하물 찾는 곳(Baggage Claim Area)에서 찾을 수 있다.

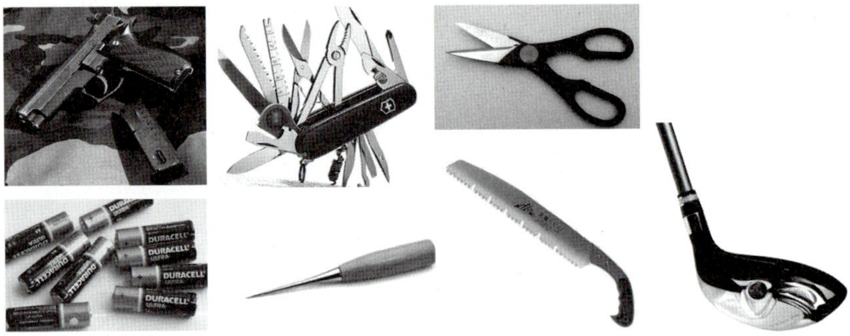

운송 금지 품목

폭발성 물질, 인화성 액체, 액화/고체가스, 산화성 물질, 독극성 물질, 전염성 물질, 자기성 물질을 말하며, 기내반입과 탁송 모두 불가한 품목이다.

폭발성 물질

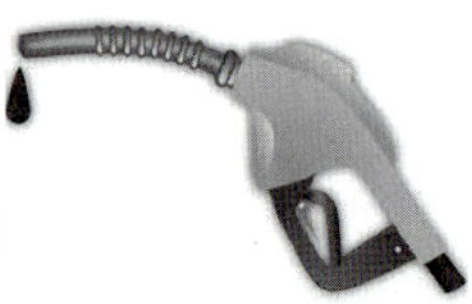

인화성 액체

액화가스

산화성 물질

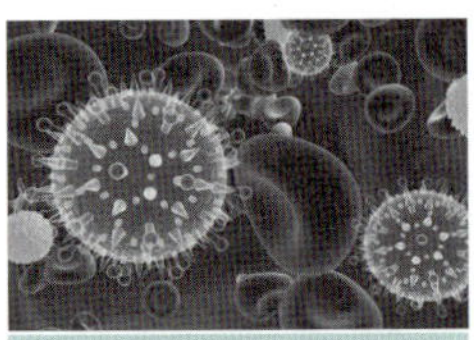

전염성 물질

자기성 물질

독극물

02 의심스러운 승객(Suspicious Passenser) 발견시 보고

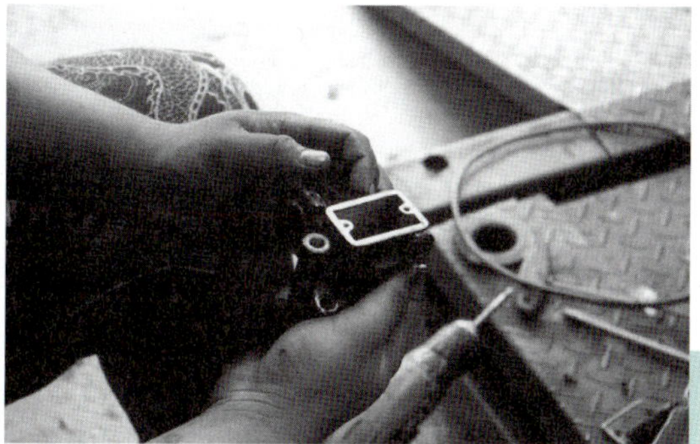

객실승무원은 좌석안내시 또는 승객이 항공기 탑승 중/후 의심스러운 행위를 발견하면 지체 없이 객실사무장/캐빈매니저 에게 보고하여 기장과 협의 후 공항관계기관/공항경찰대에 신고하는 등의 적절한 안전/보안조치를 취할 수 있어야 한다.

좌석안내시 의심스러운 승객이란 아래와 같다.

1. 좌석에 착석하지 않고 주변을 계속 돌아다니는 승객
2. 객실승무원의 동태를 계속 관찰하고 불안해 하며 식은땀을 흘리는 승객
3. 양손을 사용하여 액체, 고체, 전자용품 등의 물건을 계속 취급하고 있는 승객
4. 액체나 고체성 물질을 아주 조심스럽게 운반하는 승객
5. 탑승 직후, 출발 전 화장실을 들락거리며 불안한 표정을 짓는 승객
6. 항공기 탑승 후, 출발 전/후 지상에서 갑자기 적절하지 못한 이유를 대며 하기하겠다고 요청하는 승객

좌석안내시 의심스러운 승객과 비행 중 의심스러운 승객은 항목에서 차이가 있을 수 있다.

03 항공기 DOOR CLOSE

도어 닫기 전 열린 항공기 문

항공기 객실사무장/캐빈매니저는 지상직원으로부터 탑승완료 통보를 받은 후 기장에게 승객의 숫자 및 특이사항을 연락하여 출발에 필요한 조치를 실시한다. 이때 지상직원으로부터 받는 서류를 Ship Pouch라고 하며 Ship Pouch의 내용물은 승객과 화물운송관련 서류 및 입국서류가 포함된다.

Ship Pouch

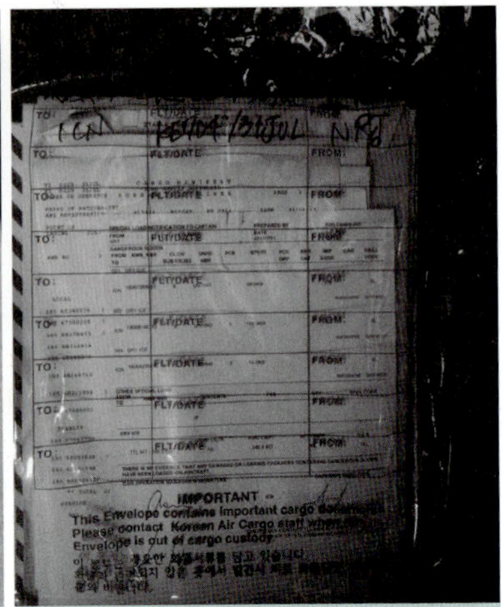

객실에 탑재되는 화물선적 서류

항공기 Door Close 전 확인해야 할 사항

- 승무원 및 승객숫자
- 운송관련 서류
- 추가 서비스 품목을 탑재
- 지상직원 잔류 여부
- 객실준비완료 확인

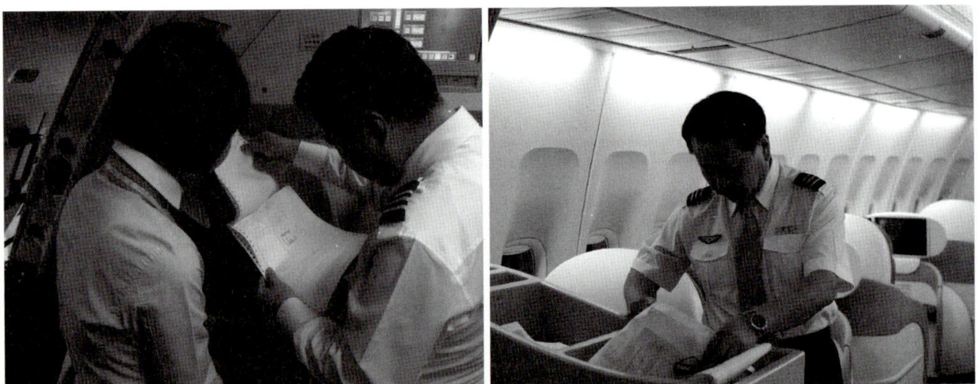

항공기 도어 CLOSE 전 지상직원과 객실준비완료를 준비하는 저자

객실준비완료란?

승객 탑승 완료 후 아래의 상황을 점검하여 이상이 없을 때 지상직원에게 통보하는 '구두용어'로 객실사무장/캐빈매니저가 지상직원과 승객 탑승완료 점검을 마친 후 기장에게 통보하여 항공기 Door를 닫는 절차를 말한다.

- 전 승객 탑승완료
- 수하물 선반(Overhead Bin) 닫힘상태 확인
- 휴대 수하물 점검 및 보관상태 확인

04 객실 안전점검

'Safety Check'-비상시 탈출하기 위한 Escape Slide Mode를 변경하는 행위를 의미한다.

항공기 Push Back 직전 및 목적지 게이트(Gate)에 도착하여 항공기 엔진을 끈 직후 객실승무원은 각 도어에 설치되어 있는 비상탈출 슬라이드 모드(mode)를 객실사무장/ 캐빈매니저의 방송에 맞추어 팽창위치(Armed Position) 또는 정상위치(Disarmed Position)로 바꾸어야 한다. 이 동작은 많은 집중을 요하는 절차이므로 정확한 명령어에 의해 절도 있게 시행해야 하고 재확인 후 실시하는 행동이 필요하다.

Push Back

게이트(Gate)에 집안되어 있던 항공기에 모든 승객이 탑승을 완료하고 객실준비가 완료되었을 때 기장에게 연락하면 기장은 지상의 정비사에게 연락하여 항공기를 뒤로 밀어낼 준비를 한다. 따라서 거대한 특수차량(Towing Car)을 이용하여 항공기를 뒤로 밀어내는 행위를 푸시백(Push Back)이라고 한다. 일단 항공기가 푸시백하면 다시 원위치로 돌아오기에는 공항 관제탑과 교신하여 허락을 득하는 등의 많은 절차를 필요로 하기 때문에 아래 사항을 철저히 확인한 후 기장에게 객실의 푸시백 준비완료(Ready to Push Back)를 알려야 한다.

항공기 Push Back을 담당하는 토잉카(Towing Car)

푸시백하고 있는 이스타 항공 비행기

푸시백하는 대한항공 A380 비행기

항공기와 토잉카를 연결는 데 사용하는 토우바(Tow Bar)

항공기를 뒤로 밀어내는 토잉카(Towing Car) 약 12억원 정도 함

Towbarless Car

요즘 사용하는 토잉카는 토우바 없이 항공기 바퀴를 토잉카 위로 들어 올려 끌고 가거나 밀어낸다.
장점 : 속도가 매우 빨라 이동시간이 단축된다. 일명 Towbarless Car라 한다.

푸시백(Push back) 전 점검사항

- 모든 승객 착석 및 좌석벨트 착용상태 확인
- 좌석 등받이, 개인용 모니터, 식사 테이블, 발 받침대, 창문 덮개 원위치 상태 확인
- 승객의 개인 휴대 수하물 정위치 보관 및 수하물 선반 닫힘상태 확인
- 갤리(Galley) 내 모든 이동물질 잠김상태 확인
- 비상구 좌석의 착석상태 확인
- 객실 내 모든 도어의 잠김상태 및 슬라이드 모드(Slide Mode) 변경상태 확인

05 푸시백(Push Back) 전 객실 준비사항

1. 좌석벨트 착용상태 점검(Seatbelt Check)

객실승무원의 안내에 따라 승객이 항공기에 탑승하게 되면 Fasten Seat Belt(안전벨트 착용) 신호가 켜져 있으며 모든 승객이 탑승을 완료하게 되면 출발에

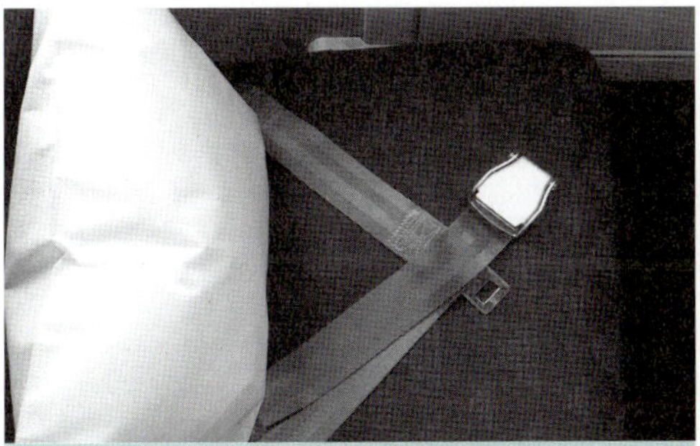
B737-800 좌석과 좌석벨트

A320 항공기 좌석벨트

앞서 객실승무원들이 일일이 좌석벨트 착용 여부를 꼼꼼히 점검하고 있는데, 이 절차는 객실승무원의 업무교범(COM-Cabin crew Operation Manual)에 나와 있는 중요한 사항이며 승객이 좌석벨트 착용시 아래의 착용규정을 벗어나지 않아야 한다.

1. 비행 중 좌석벨트 사인을 반드시 준수해야 한다.
2. 좌석벨트를 착용할 때는 똑바로 앉아야 한다.
3. 휴식이나 누워 있을 경우 착석을 유도한다.
4. 이착륙시 좌석벨트 1개를 2인이 사용해서는 안 된다.
5. 만 2세 미만 아이는 이착륙, 기체요동시 가능한 한 성인이 안도록 한다.
6. 비행기가 흔들리지 않는 경우에도 좌석벨트 상시착용 방송을 실시한다.

2. 미착석 승객(Standing Passensers) 착석유도

항공기 출발/도착 전 모든 승객은 지정된 좌석에 착석하여 좌석벨트를 매고 있어야 한다. 따라서 미착석 승객에게는 객실승무원이 요청하거나 기내 방송

을 통하여 반드시 착석하고 출/도착할 수 있도록 사전점검이 철저히 이루어 져야 한다. 저자의 경험상 미착석 승객의 대부분은 단체승객 중 동료와 좌석이동을 하거나 단체의 가이드가 안내를 하는 과정에서 발생한다. 따라서 단체승객인 경우 좀 더 철저한 안내 및 권유가 필요하다.

'출발시 승객 착석유도 방송문'

안내 말씀 드리겠습니다.
출발 전 점검 절차로 손님들께서 좌석에 앉으셨는지 확인하고 있습니다.
신속한 출발을 위해 자리에 앉아 주시기 바랍니다.

Ladies and gentlemen
All passensers are requested to take their seats for prompt departure of the aircraft. We thank you for your cooperation.

3. 오버헤드빈(Overhead Bin) 점검

Overhead Bin은 승객의 머리 위에 설치되어 있는 승객의 휴대수하물 보관장소를 의미하며, 다음과 같이 확인하는 절차를 이/착륙 전 시행하여야 한다.

참고로 승객의 모든 휴대수하물은 좌석 아래나 Overhead Bin 또는 Enclosed 코트룸에 보관할 수 있으며 각각의 보관장소가 원하는 사이즈와 무게가 적정해야 하며, 객실승무원은 이 · 착륙 전 담당구역(Zone)의 Overhead Bin 닫힘상태를 규정에 맞게 확인해야 한다.

A320 오버헤드빈 열린 상태

A320 오버헤드빈 닫힌 상태

Overhead Bin 보관가능 휴대수하물

- Overhead Bin의 적정 사이즈를 초과하지 않는 휴대수하물
- Overhead Bin의 적정 무게를 초과하지 않는 휴대수하물

Overhead Bin 보관 불가능 휴대수하물

- 술병, 철제 핸드 카트(트롤리), 새어나올 수 있는 액체
- 미끄러지거나, 악취, 화재를 유발할 수 있는 물품
- Overhead Bin 적정 무게를 초과하는 휴대수하물
- Overhead Bin 적정 사이즈를 초과하는 휴대수하물

Overhead Bin 여는 절차

- 먼저 한 손을 열려는 Overhead Bin 하단에 갖다 대어 혹시 모를 휴대수하물 낙하사고를 예방한다.
- Overhead Bin을 열 때에는 한 번에 열지 말고 먼저 손잡이를 잡고 천천히 열도록 한다.

Overhead Bin 닫는 절차

- 적정 휴대수하물이 적재되면 객실승무원은 Overhead Bin의 덮개를 위에서 아래도 천천히 이동시키며 완전한 잠김상태가 될 때까지 누른다.
- 닫힌 후 Overhead Bin의 덮개를 다시 한 번 눌러 봐서 완전한 닫김이 되었는지 재확인한다.
- Overhead Bin이 제대로 닫히지 않은 상태에서는 덮개가 열리거나 하단의 빨간색 표시가 나타난다. 이런 상태로 이착륙을 하게 되면 충격에 의해 Over-head Bin의 덮개가 열리면서 승객의 휴대수하물이 낙하하게 되며 하단 승객의 머리나 어깨에 심각한 부상을 초래할 수 있다.(Overhead Bin은 항공기 기종 또는 제작사에 따라 적정 무게가 달라질 수 있으며 적정 무게는 제작사나 항공사 별로 달라질 수 있다)

Overhead Bin 열 때 표준동작 3단계

- 제1단계 : 오버헤드빈 아래 승객에게 사전안내를 실시한다.

- 제2단계 : Overhead Bin 하단을 손으로 막고 좌, 우 확인한다.
- 제3단계 : 천천히 Open한다.

4. 각종 컴파트먼트 고정(Compartment Locking)

B777-200 뒤 갤리 컴파트먼트

비행기의 모든 Compartment(기용품 보관장소)는 이/착륙 전 컴파트먼트의 상단에 설치되어 있는 시건 및 봉인장치를 이용하여 철저히 잠가 놓아야 하며, 객실 시니어 승무원/객실사무장에 의해 재점검이 이루어져야 한다.

시건장치를 이용하여 Locking하지 않았을 경우 이륙할 때 떨어지거나 착륙할 때 밀려나와 승무원 및 승객의 안전에 심각한 위해를 줄 수 있다.

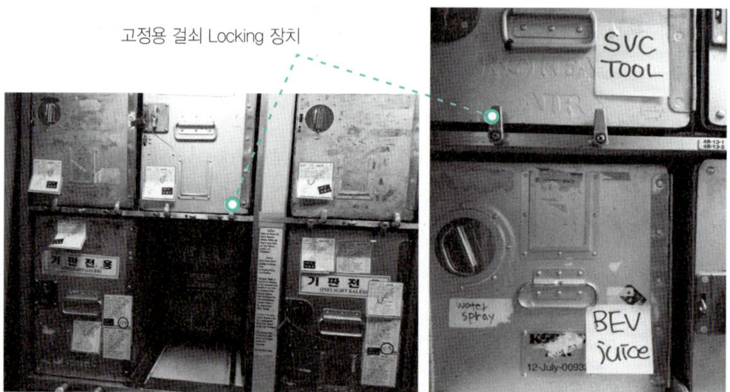

B777 항공기 이륙 전 완벽하게 고정되어 있는 기내 캐리어 박스 모습

5. 비상시 관련정보 제공(Safety Demonstration)

이/착륙 전 객실승무원은 비상구 좌석에 착석해 있는 승객에게 비상구 사용법, 비상시 탈출절차, 협조의 의무를 고지해야 하며 승무원에 의한 시연과 기내 비디오 시스템을 통해 비상시 탈출절차에 대해 공지한다. 만일 기내 비디오 시스템이 설치되어 있지 않은 기종은 기내 방송 사전녹음장치(Pre Announce Recording)

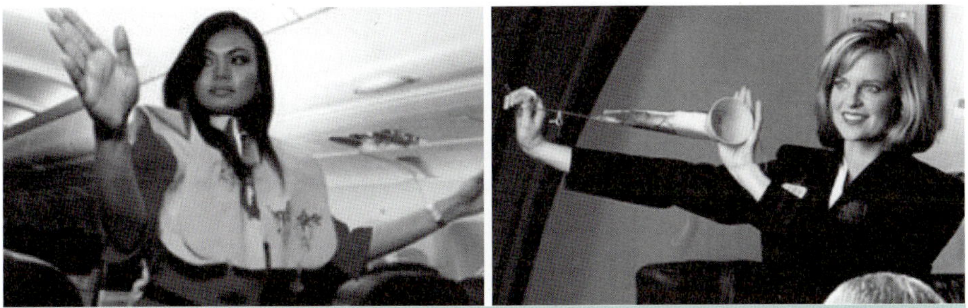

델타항공사 승무원 데모 모습

를 사용하거나 육성방송을 통해 좌석벨트, 비상구, 구명복, 산소마스크, Safety Information Card의 내용, 금연규정을 모두 포함한 Safety Demo를 객실승무원이 실연한다.

또한 성인 비동반소아(UM), 장애인, 노인승객, Safety Demo를 볼 수 없는 좌석에 앉은 승객에게는 개별적으로 브리핑하여야 한다. 승객 좌석 앞 Seat Pocket에 비치되어 있는 비상탈출안내 소책자(Safety Card)를 승객이 한 번씩 볼 수 있도

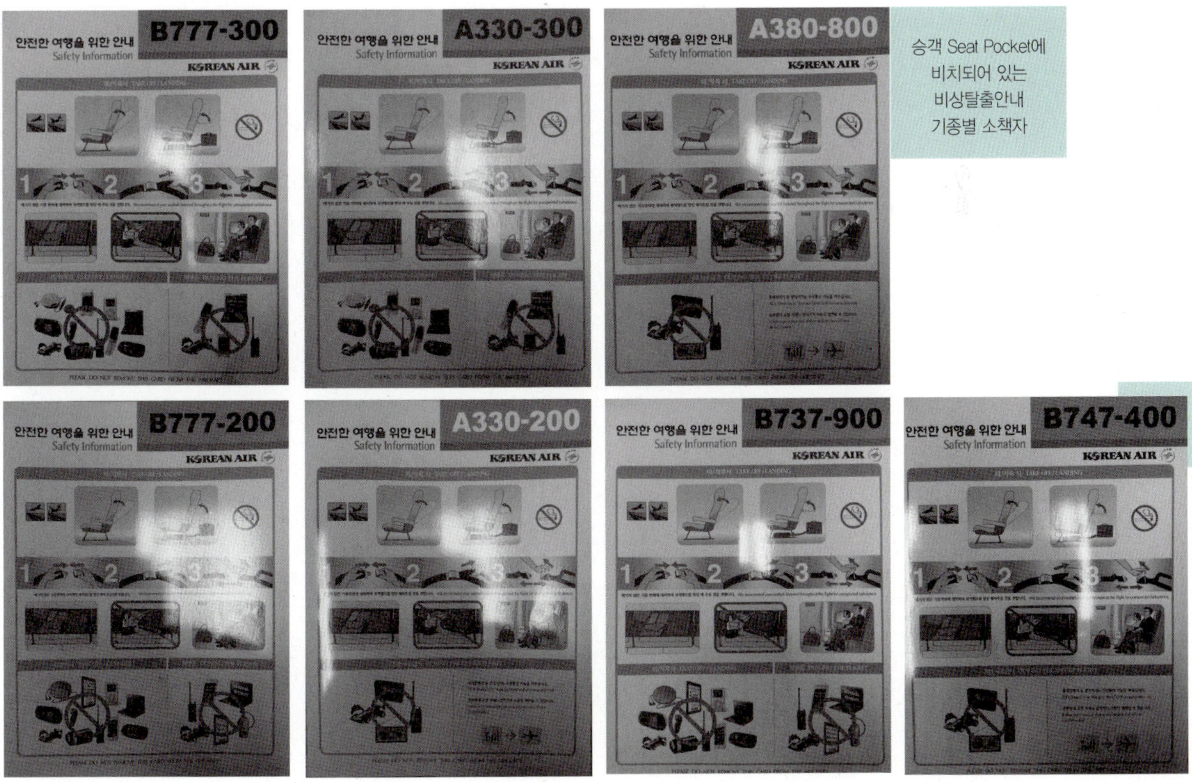

승객 Seat Pocket에 비치되어 있는 비상탈출안내 기종별 소책자

록 적극 권유하도록 한다. Seat Pocket 내 비상탈출안내 소책자는 모든 책자에 비해 제일 앞편에 세팅될 수 있도록 해야 하는 것이 안전 규정이며, 국가항공 안전보안 점검시 주요 점검사항이다.

6. 비상구(Emengency Exit) 착석승객 재확인

❶ 비상구열 착석규정

비상구열 좌석에 착석하는 승객은 항공기 비상시 객실승무원을 도울 수 있는 승객으로 제한하여 배정한다. 따라서 객실승무원은 승객의 탑승시작부터 항공기 이동 전까지 비상구열 좌석에 착석한 승객의 적정성을 파악하여야 한다.

❷ 비상구열의 정의 및 미배정 승객

비상구로 직접 접근할 수 있는 좌석으로 승객이 비상구로 접근하기 위해 통과하여야 할 비상구 창측 좌석에서부터 통로까지의 좌석을 말하며 탑승수속하는 수속담당직원은 승객에게 비상구열 좌석을 제공할 경우 배정사유와 규정을 설명하여야 한다.

아래와 같은 조건에 해당하는 승객은 비상구열 배정이 제한된다.

양팔, 손, 다리의 민첩성이 다음의 동작을 수행하기 어려운 승객

- 비상구나 슬라이드 조작장치에 대한 접근
- 조작장치를 밀거나 당기고 돌리는 동작
- 비상구 여는 동작
- 신속한 비상구로의 접근
- 장애물 제거할 때 균형 유지
- 빠른 탈출
- 탈출한 승객이 미끄럼틀로부터 벗어날 수 있도록 하는 행위

❸ 그 외 비상구열 좌석 배정불가 승객

- 15세 미만 승객
- 비상탈출 지시 이해 못하는 승객
- 다른 시력 보조장비 없이는 위의 기능을 하나 이상 수행할 수 없는 승객
- 승무원의 탈출 지시 청취불가 승객
- 비상구 좌석 착석규정 준수의사가 없는 승객

7. 공항특성 의거 창문덮개(Window Shade) 개폐 여부 고지

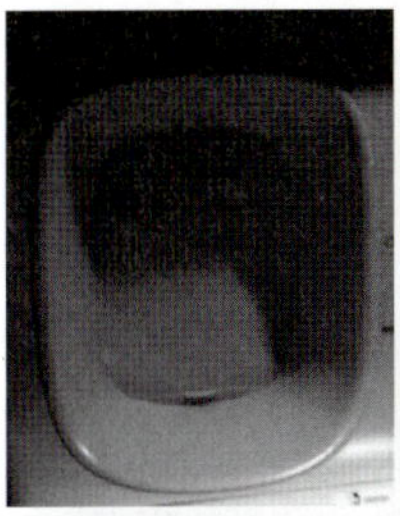

❶ 이/착륙시 (창문덮개)Window Shade는 승객의 외부상황 판단을 위해 반드시 Open해야 한다.

❷ 다만, 국내 군 공항인 경우 보안관계로 이/착륙시 항공기 Window shade를 내리도록 규정한 공항이 있으니 보안규정 참조하여 실시하도록 한다. 단 이/착륙 후 이러한 상황이 해제되면 기내방송을 통하여 창문덮개 Open에 관한 방송을 실시하여야 한다.

❸ B737 Overwing Exit인 경우 창문덮개는 기존의 항공기와 달리 아래에서 위로 열도록 되어 있으니 숙지하여야 한다.

창문덮개 Open 요청 안내방송

손님 여러분, 협조해 주셔서 감사합니다.
지금부터 창문덮개를 열고 즐거운 여행을 하시기 바랍니다.

Thank you for your cooperation, ladies and gentlemen./
You may open your window shades now./
Please enjoy your flight./

창문덮개 Closing 안내방송

손님 여러분, 이 공항에서는 보안규정에 따라 이/착륙 시 창문덮개를 내리도록 요청하고 있습니다. 지금부터 창문덮개를 내려 주시기 바랍니다.

Ladies and gentlemen,/ For Security reasons,/ airport authorities request to close your window shades during take off,/ landing and while on the ground./ Please/ close your window shades for a moment./ Thank you for your cooperation./

8. 좌석 등받이(Seatback) 원위치

❶ 좌석 등받이의 구성은 등받이, 모니터(일부 기종), Tray Table, 옷걸이(일부 기종), 음료수 홀더(Holder)가 장착되어 있다.

❷ 좌석 등받이는 항공기 Push Back, 이착륙 전 주변 승객의 원활한 항공기 탈출을 위한 통로 확보 차원에서 반드시 원위치하여야 한다.

- 좌석 등받이를 최대로 젖힐 수 있는 각도는 클래스별 상이하나 KE 경우 일등석과 비즈니스 클래스는 180도, 일반석 각도는 115도이다.

❸ 좌석 등받이는 뒤로 기울어지도록 설계되어 있으나 B737 기종 날개 위 비상구(Overwing Exit)에 설치된 비상구열 좌석은 다른 승객의 원활한 탈출을 위해 고정되어 있어 탑승 후 객실승무원에 의해 그리고 탑승 수속시 지상직원에 의한 사전 안내가 필요하다.

❹ 항공기 승객 탑승 전 안전, 보안 점검시 뒤로 젖혀진 좌석 등받이가 원위치로 되지 않거나 뒤로 기울어지지 않는 경우 객실승무원은 즉시 정비사에게 고지하여 수리될 수 있도록 조치하여야 한다.

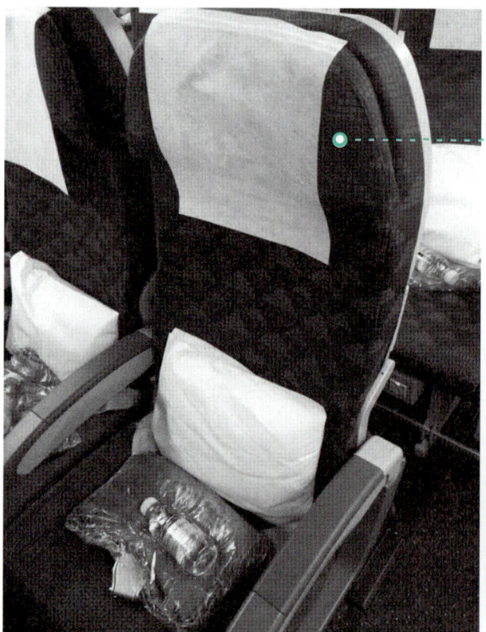

A330 항공기 좌석 등받이 앞면

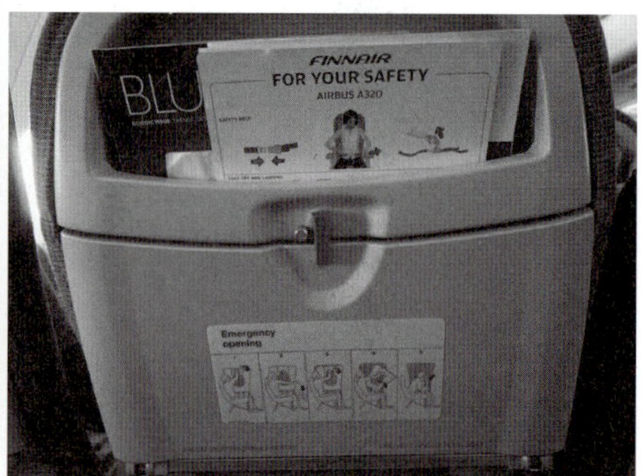

A320 좌석 등받이 뒷면

9. 좌석 앞 선반(Tray Table) 원위치

좌석 앞 선반이란 좌석 등받이에 설치되어 승객의 기내식 취식, 음료, 개인 작업을 할 수 있도록 만들어 놓은 네모난 플라스틱 시설물을 의미하며, 구성품은 Tray Table, 컵홀더, 테이블 고정장치로 되어 있다.

1. 좌석 앞 선반은 항공기 출발 전, 이/착륙시 다른 승객의 원활한 탈출을 돕도록 반드시 원위치로 하고 걸쇠를 이용하여 고정해야 한다. 비상구열 좌석은 좌석 앞 선반이 팔걸이(Armrest)나 좌석 하부에서 나오도록 설계되어 있으니 접혀서 보관되어 있는지 확인한다.
2. 좌석 앞 선반을 고정시키는 고정핀이 고장나 Tray Table이 고정되지 않을 경우, Table의 경사가 심할 경우 객실승무원은 즉시 정비사에게 고지하여 수리 후 출발하도록 해야 한다.

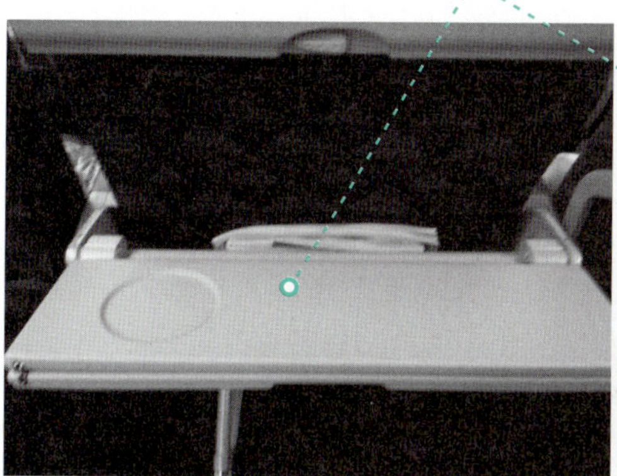

B777 항공기 Tray Table 열린 모습

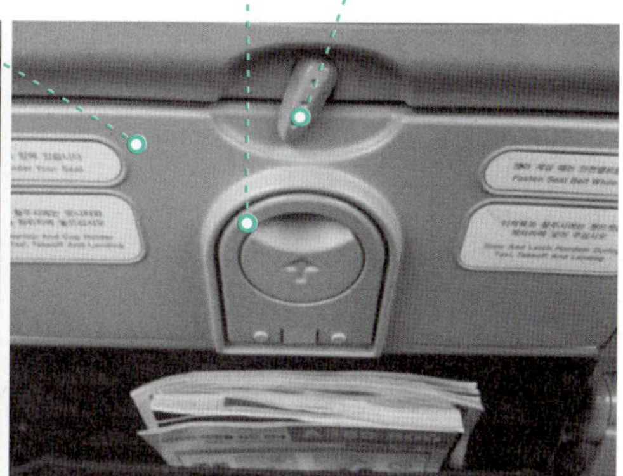

B777 항공기 Tray Table 원위치된 모습

10. 전자기기 사용(Use of Electronic Device)금지 안내

2015년 3월 1일부터 비행 중 휴대용 전자기기 사용 확대가 시행되고 있다. 객실승무원은 항공법과 항공보안법에 따라 항공기의 전자파 간섭을 방지하기 위하여 탑승객의 휴대용 전자기기 사용을 제한할 수 있다.

기내에서 사용금지 및 제한된 전자기기의 사용은 항공기 무선통신에 간섭을 유발시킬 수 있기 때문이며 객실승무원은 승객이 '전자기기 사용금지 및 제한 규정'을 준수할 수 있도록 해야 한다. 승객이 휴대한 전자기기 사용중지를 기장이 요청할 경우 객실승무원은 승객 전체의 전자기기 사용을 중지시켜야 한다.

전자기기 사용을 중지하지 않은 승객이 있을 경우 객실승무원은 이러한 행위가 위법이라는 사실을 안내하고 계속해서 사용규정을 지키지 않거나 업무수행을 방해한다면 '기내업무 방해행위'에 규정된 절차에 따라 승객의 기내업무 방해행위를 중지시켜야 한다.

국토교통부는 대한항공, 아시아나항공, 진에어 3개 항공사가 2015년 3월 1일부터 휴대용 전자기기(PED) 사용 확대를 시행한다고 밝혔으며 4개 국내 LCC(제주, 에어부산, 티웨이, 이스타)항공사도 안전성 평가를 위한 기술을 지원하여 휴대용 전자기기 사용 확대를 시행할 예정이다.

비행기에서 항상 사용금지 휴대용 전자기기

- AM/FM 라디오/TV/휴대용 TV 수신기
- 케이블로 연결하여 사용하는 컴퓨터/게임기의 주변기기(프린터, 팩스 등)
- 무선 조종 장난감
- 상업용 또는 아마추어용 무선 송/수신기

항공기 도어가 열려 있을 때 사용가능한 휴대용 전자기기

- 외선사용 GPS 수신기
- 상방 통신용 무선 호출기
- 무선 통신기능이 꺼진 PDA, 스마트기기 및 휴대용 전화기

비행기에서 항상 사용가능한 휴대용 전자기기

- 인공심장박동기, 보청기, 기타 인공장기
- 사전 허가된 의료지원장치/생명연장 보조장치
- 휴대용 녹음기, 전기면도기, 전자시계, 개인소음방지용 헤드폰
- 항공회사가 기내에 설치한 위성전화, 비디오장비
- 전자게임기, 블루투스 통신방식기기, 비디오 카메라
- CD/MD/MP3

전자기기 사용 – 휴대전화 금지 안내방송

안내 말씀 드리겠습니다. 지금 휴대용 전화기를 사용하시는 분께서는 손님여러분의 안전을 위해 즉시 전원을 꺼주시기 바랍니다.

Ladies and gentlemen,
All passensers are kindly requested to turn off
all mobil phones now.
Thank you for your cooperation

11. 카트, 오븐, 커피메이커, 화장실문 고정(Cart, Oven, Coffeemaker, Lavatory Locking) 방법

항공기 출발 전 모든 갤리의 기물은 반드시 시건장치를 이용하여 안전하게 고정되고 잠근 상태로 출발하여야 한다.

❶ **카트**(CART) : 밀카트, 음료/주류 카트는 하단의 브레이크 페달을 이용하여

잠금위치로 세게 밟아주고 갤리 Compartment에 부착되어 있는 문을 닫은 후 시건장치를 이용하여 정확히 잠근다.

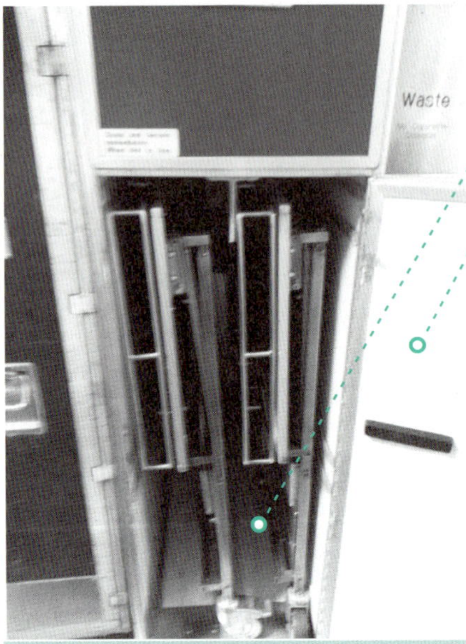

기내 서빙카트-Serving Cart

기내 Meal and 음료 Cart

❷ **오븐**(OVEN) : 갤리(Galley) 내에 설치되어 있는 오븐은 오븐 Door 중단, 상단에 설치되어 있는 잠금장치를 잠그고 손으로 강하게 눌러보아 튀어나오지 않는 정도가 완전한 잠금상태인 것이다. 이/착륙 중 오븐 문이 열리면 자동적으로 안에 있던 오븐 랙과 내용물이 튀어나와 큰 소음과 함께 승객과 승무원에게 상해를 입힐 수 있다.

오븐 내부

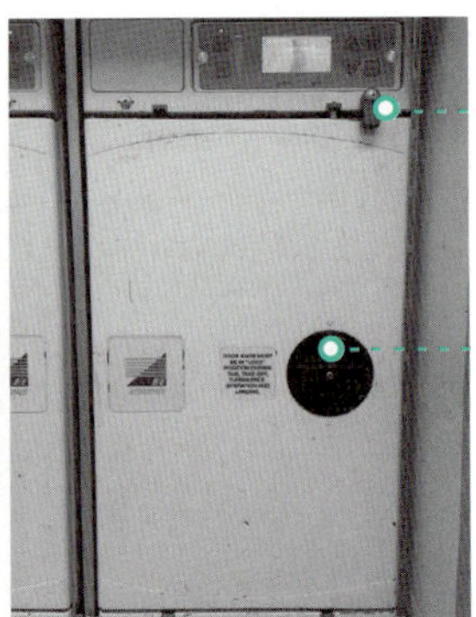

오븐 외부

③ **커피메이커**(COFFEE MAKER) : 커피메이커 상단에 설치되어 있는 Locking Lever를 아래쪽으로 힘차게 내려 커피Pot을 완전히 본체에 고정시켜야 한다.

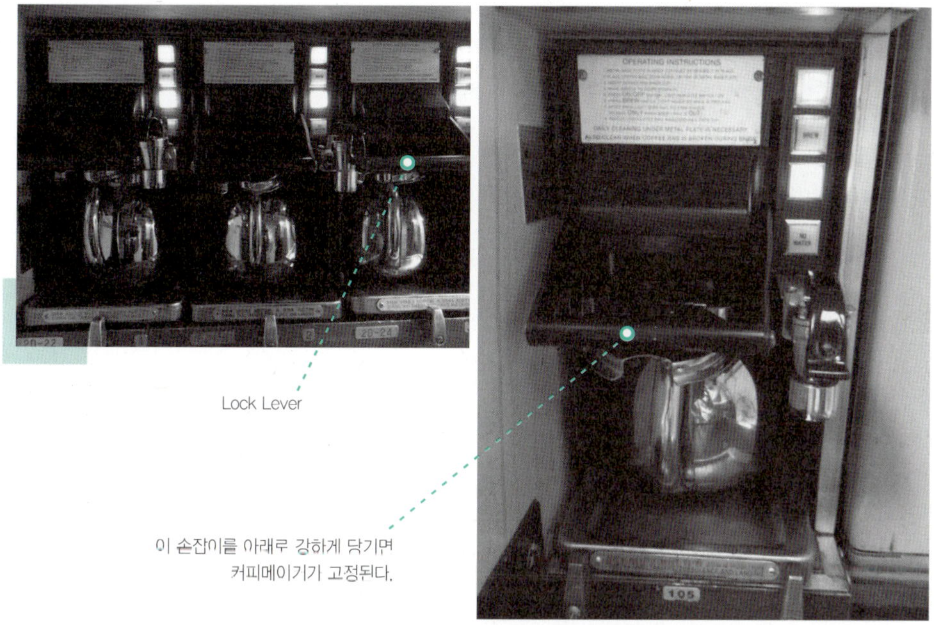

④ **화장실문**(LAVATORY DOOR) : 비행기의 화장실문은 대부분 접이식으로 되어 있으나 일부 기종에서는 핸들을 돌려 여는 고정식 문도 사용한다. 따라서 접이식 문은 이착륙시 바깥에서 당겨보아 확실하게 닫아주고 고정식 문은 바깥에서 당기고 핸들을 돌려 완전한 닫김상태로 만들어 주어야 한다.

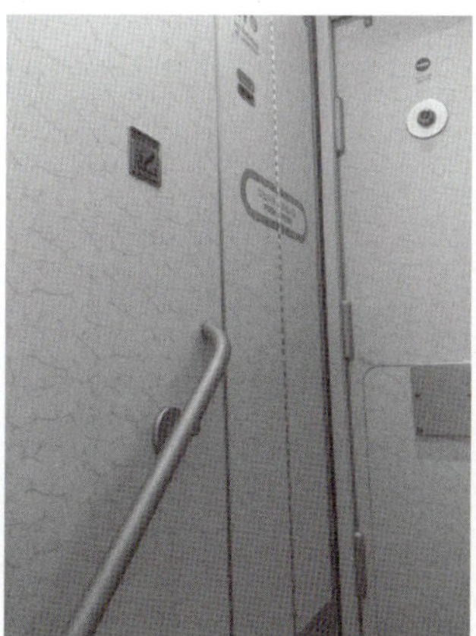
접이식 문이 설치되어 있는 화장실

고정식 문이 설치되어 있는 화장실

12. 슬라이드 모드(Slide mode)변경: 방송 객실사무장/캐빈매니저가 실시

❶ 슬라이드 모드변경 방송 예-KE

- 제1단계 : Cabin Crew Door Side Stand By.
- 제2단계 : Safety Check.
- 제3단계 : 객실사무장이 모든 승무원에게 인터폰 이용하여 Call한다.
- 제4단계 : 제일 뒤편 승무원부터 'L5, L4, L3, L2… 이상 없습니다'를 순서대로 객실사무장에게 연락한다.

> 항공기가 2층 구조로 되어 있는 A380인 경우 L5, L4, L3, L2, UL3, UL2, UL1 이상 없습니다… 순으로 연락한다.

❷ 슬라이드 모드변경 방송 예-OZ

- 제1단계 : 전 승무원은 Door Side로 위치하고 오른쪽 출입문 안전장치를 팽창(정상)위치로 변경하십시오.
- 제2단계 : 왼쪽 출입문 안전장치를 팽창(정상)위치로 변경하십시오.
- 제3단계 : 각 Door별 담당승무원이 PA를 이용해 '출입문 안전장치를 팽창(정상)위치로 변경하고 상호 확인했습니다'라고 보고한다.

> **DOOR MODE 변경 절차 철저 준수**
> - 'STOP', 'THINK' and 'Arming lever 위치확인' 절차 준수
> - 반드시 CROSS CHECK 절차를 준수할 것
>
> **DOOR OPEN시 2인 1조 작동 절차 준수**
> - 특히, B737의 경우, 승객 하기 순서 준수를 위해 사무장 1인이 DOOR를 작동하는 사례 금지

❸ 현재 운항되는 각 항공기별 슬라이드 모드 변경

☑ B737-700/800/900

- B737 팽창위치(Automatic/Armed Position) : 도어 하단의 거트바(Girt Bar)를 바닥

에 설치되어 있는 Brakets(걸쇠 틀)에 건 후 빨간색 Red Warning Flag를 Viewing Window를 가로질러 놓는다.

B737 항공기의 팽창위치는 빨간색의 Red Warning Flag를 Viewing Window에 가로질러 설치한다.

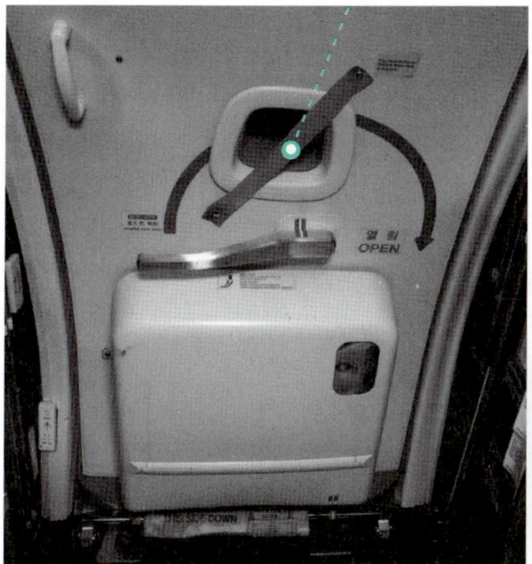

B737 한공기 팽참위치

BRAKETS
거트바 고정장치

B737 항공기의 팽창위치는 GIRT BAR를 바닥에 설치되어 있는 BRAKETS에 넣어 고정시킨다.

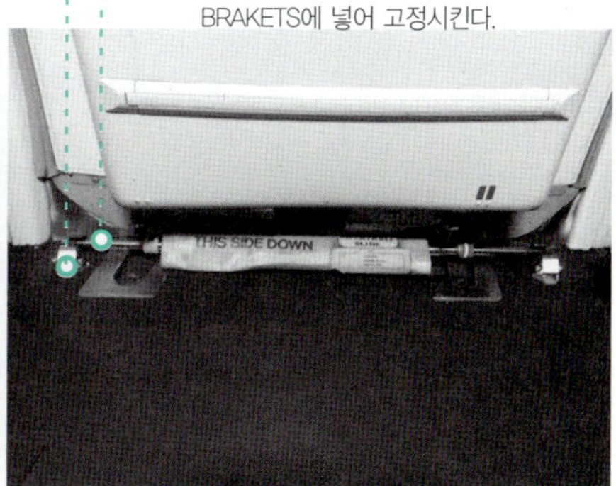

B737 항공기 팽창위치

- B737 정상위치(Manual/Disarmed Position) : 도어 하단 Brakets에 장착되어 있는 거트바(Girt Bar)를 슬라이드 Bustle 하단에 설치되어 있는 Girt bar 보관 철제고리에 장착시킨 후 Red Warning Flag를 Viewing Window 상단과 수평하게 놓는다.

B737 항공기의 정상위치는 Red Warning Flag를 Viewing Window에 수평으로 놓는다.

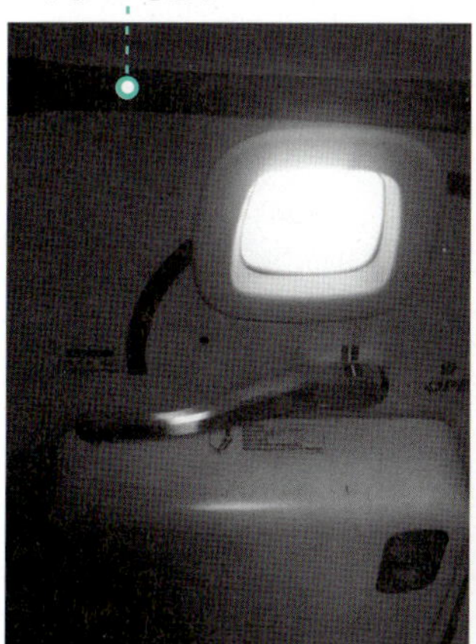

B737 항공기 정상위치

- Door Mode 변경시 Girt Bar는 고정장치에 정확하게 장착
- Door Open시 Girt Bar 정상위치 반드시 재확인 후 Open

B737 항공기 정상위치

B737 항공기의 정상위치는 슬라이드 Girt Bar를 Brakets에서 꺼내어 도어에 고정시킨다.

Brakets

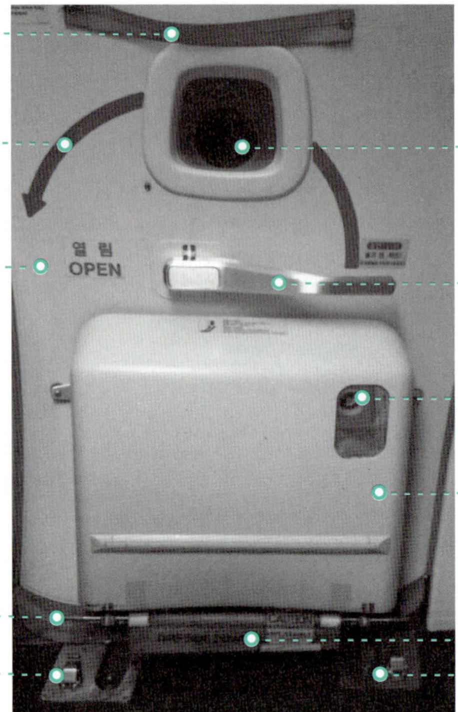

B737-800/900 기종 Door 구조 설명

A330-200/300

- A330 정상위치(Manual/Disarmed Position) : 도어 슬라이드 손잡이를 정상위치로 강하게 밀고 Safety Pin을 꽂는다.

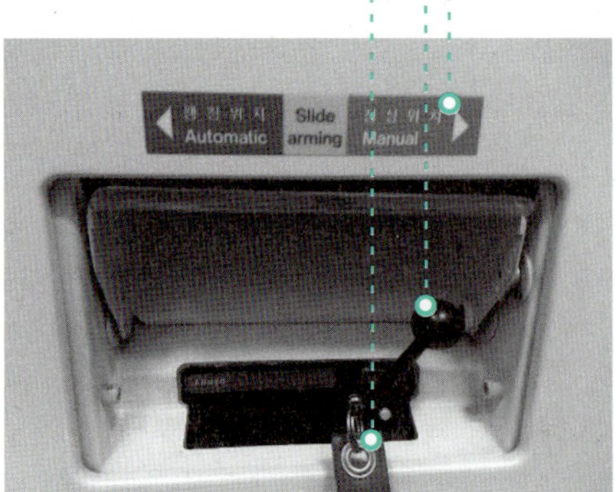

A330-200 항공기 정상위치

A330-200 항공기 정상위치

- A330 팽창위치(Automatic/Armed Position) : Safety Pin을 빼고 도어 슬라이드 손잡이를 팽창위치로 강하게 민다.

팽창모드로 변경하기 위해 슬라이드 도어핸들을 팽창 위치로 옮긴다.

도어 팽창위치 표식

A330 항공기 도어모드 변경을 알 수 있는 상태표시창. 정상모드인 경우 노란색, 팽창모드인 경우 녹색으로 표시된다.

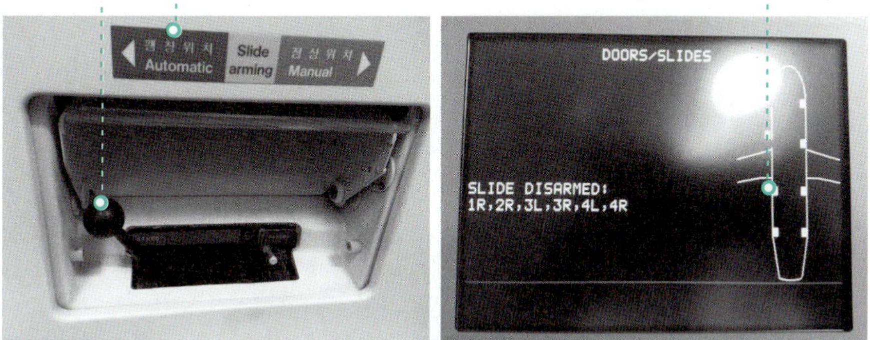

A330 항공기 NO3 DOOR 슬라이드 모드 변경사진

일부 A330 항공기 NO3 DOOR는 일반 도어와 달리 슬라이드 모드변경 레버가 직사각형 구조로 되어 있다. 변경절차/변경방법은 일반 도어와 동일하다.

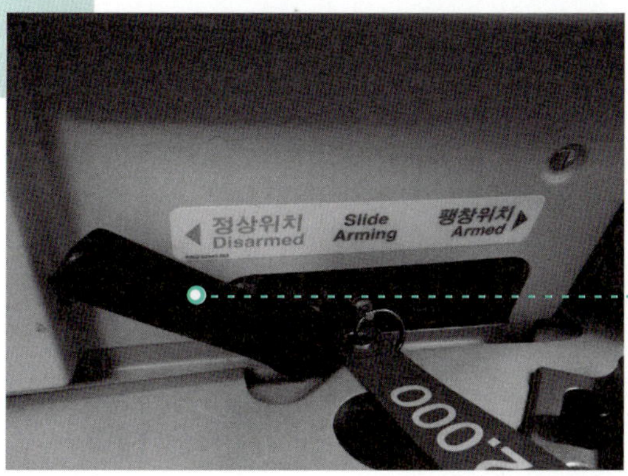

일부 A330 NO3 도어 슬라이드 모드변경 레버는 일반도어와 다르게 직사각형으로 되어 있다.

Safety Pin이란?

A330/B747-400/B747-8i /A380 항공기의 도어모드가 정상위치(Manual / Disarmed Position)에서 팽창위치(Automatic / Armed Position)로 넘어가지 않도록 정상위치 상태에서 고정핀을 삽입하여 움직이지 못하도록 하는 장치이다. 도어모드를 팽창위치로 옮기기 위해 Safety Pin을 뽑으려면 뒤쪽의 누름쇠를 누른 상태에서 잡아 당기면 뽑힌다.

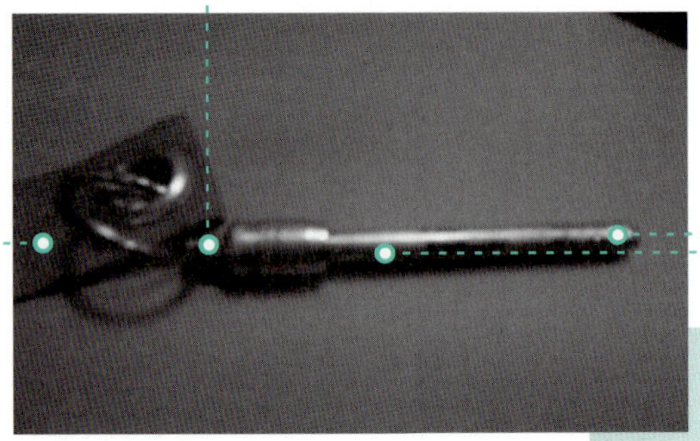

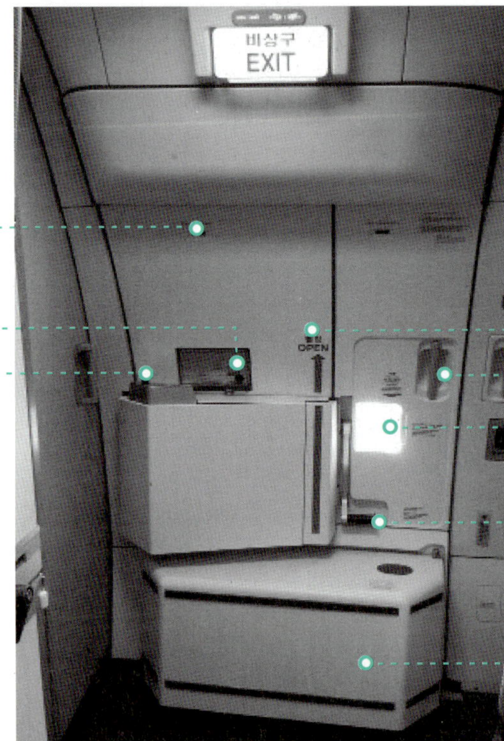

A330 도어 구조 설명

B777-200/300

- B777 팽창위치(Automatic/Armed Position) : 도어 슬라이드 손잡이를 왼쪽 팽창 위치로 강하게 민다.

팽창위치로 변경할 때에 이 손잡이를 팽창위치 표식 방향으로 옮기면 된다.

팽창위치를 알려주는 표식

B777 전체 도어가 팽창위치로 변경되면 AUTO 표식이 나타나며, 한 곳이라도 도어 모드가 다른 곳과 일치하지 않으면 표시되지 않는다.

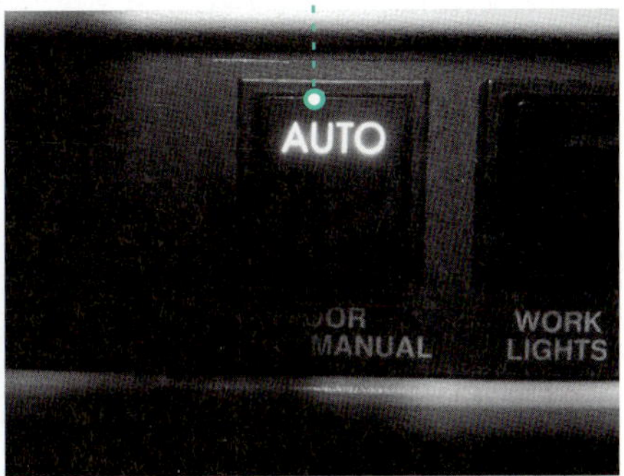

B777-200/300 항공기 정상위치/ 팽창위치

- B777 정상위치(Manual/Disarmed Position) : 도어 슬라이드 손잡이를 오른쪽 정상위치로 강하게 민다.

정상위치로 변경할 때에 이 손잡이를 정상위치 표지 방향으로 옮기면 된다.

정상위치를 알려주는 표식

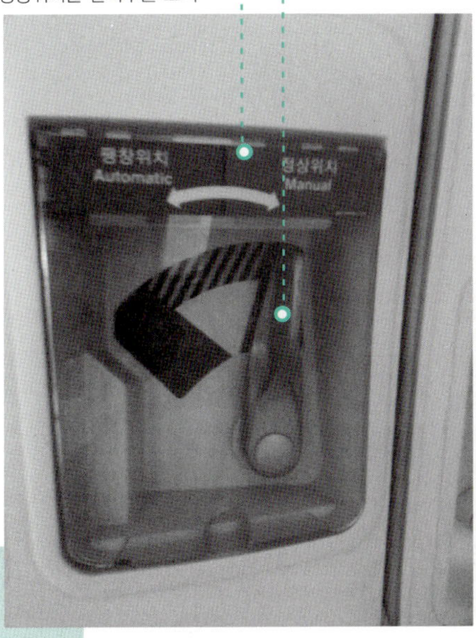

B777 전체 도어가 정상위치로 변경되면 AUTO 표식이 나타나며, 한 곳이라도 도어 모드가 다른 곳과 일치하지 않으면 표시되지 않는다.

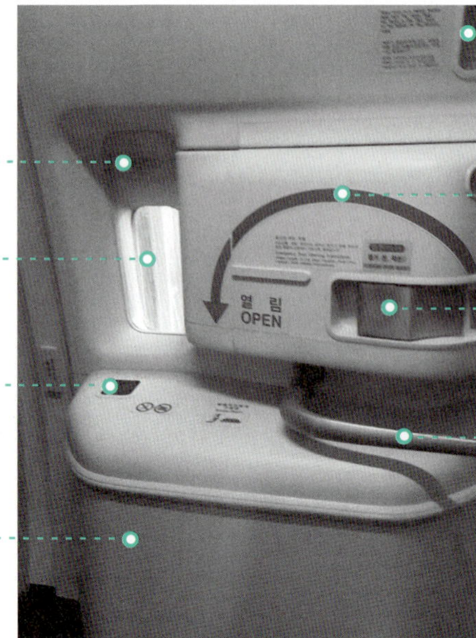

B777 항공기 도어 구조 설명

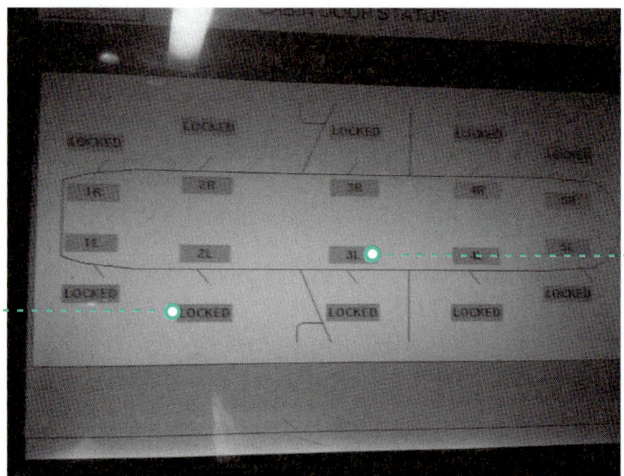

B777 항공기 도어 상태를 표시해주는 상태 표시창

B747-400/ 8i

- B747 팽창위치(Automatic/Armed Position) : 슬라이드 박스 덮개를 열고 Safety pin을 뺀 후 도어 슬라이드 손잡이를 아래쪽 팽창위치로 강하게 내린다.
- B747 정상위치(Manual/Disarmed Position) : 슬라이드 박스 덮개를 열고 도어 슬라이드 손잡이를 위쪽 정상위치로 강하게 올린 후 Safety pin을 꽂는다.

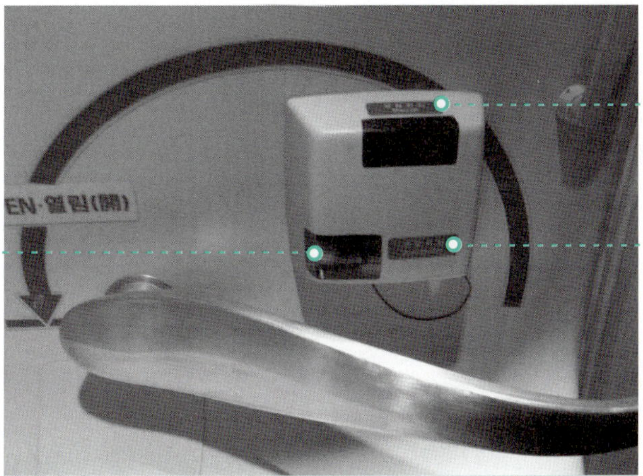

B747-400 항공기 팽창위치

- B747-400/8i 항공기 도어 정상위치

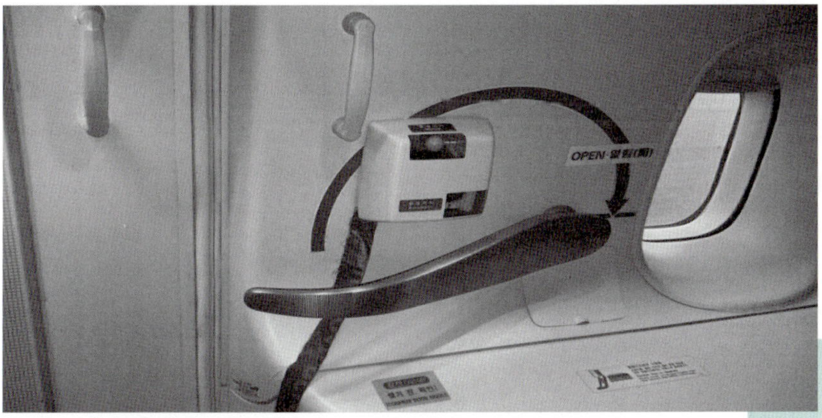

- B747-400 / 8i Door Slide 내부 모습(현재 정상위치임)

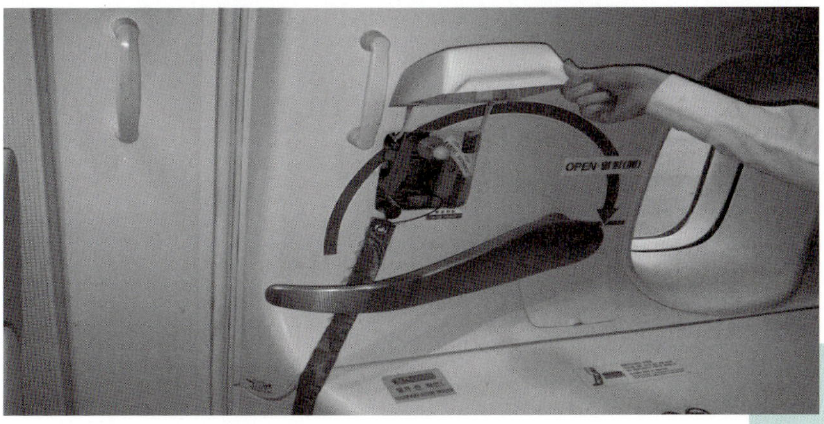

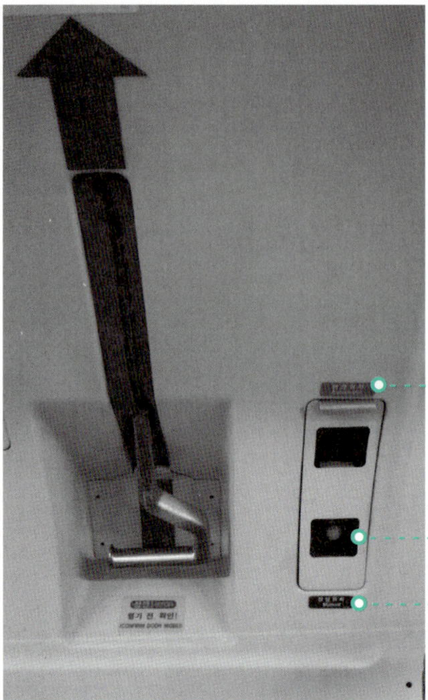

B747-400 UPPERDECK DOOR

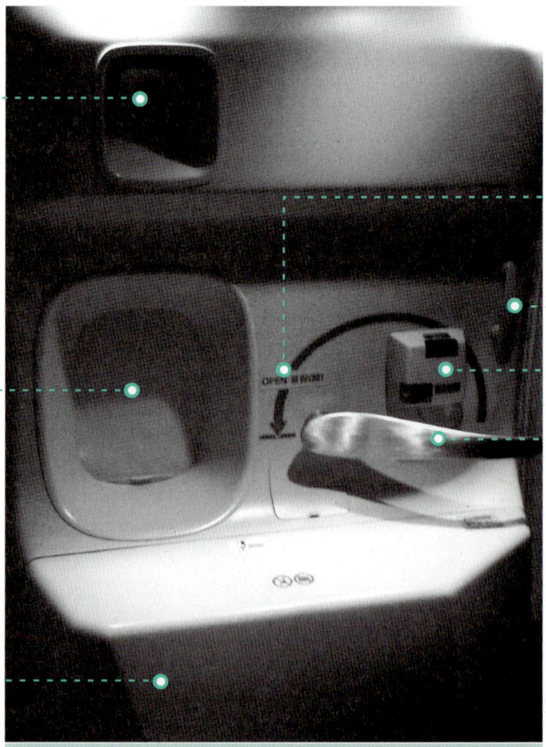

B747-400 항공기 도어 구조 설명

A380

- A380 팽창위치(Automatic/Armed Position) : 슬라이드 박스 덮개를 열고 Safety Pin을 뽑은 후 도어 슬라이드 손잡이를 왼쪽 팽창위치로 강하게 민다.
- A380 정상위치(Manual/Disarmed Position) : 슬라이드 박스 덮개를 열고 도어 슬라이드 손잡이를 오른쪽 팽창위치로 강하게 밀어 정상위치로 돌린 후 Safety Pin을 꽂는다.

팽창위치를 알려주는 표식

도어 슬라이드 모드 변경하는 핸들. 현재는 비행 중인 관계로 팽창위치에 있다.

덮개커버

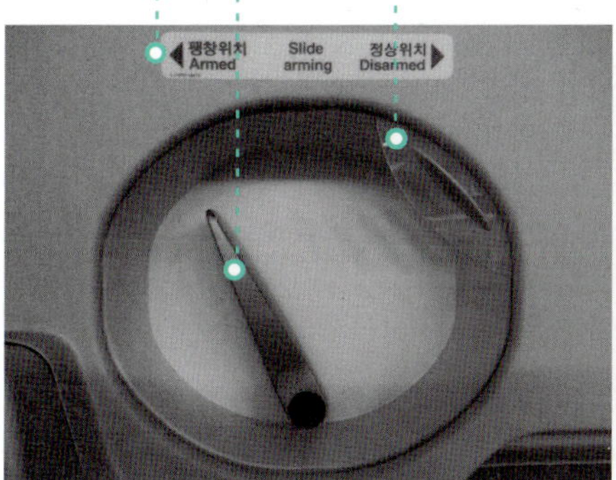

A380 항공기 팽창위치

Safety Pin, 정상위치에 있을 때만 꼽는다.

도어 슬라이드 모드 변경하는 핸들. 현재는 비행기가 주기 중인 관계로 정상위치에 있다.

덮개커버

정상위치를 알려주는 표식

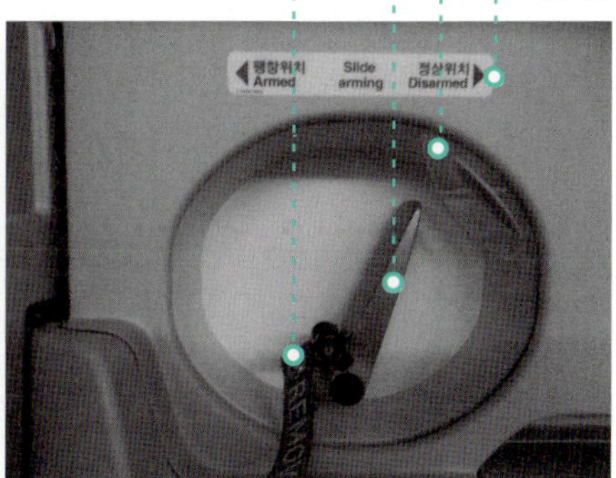

A380 항공기 정상위치

Safety Pin이란?

A330/B747/A380 항공기의 도어모드가 정상위치(Manual / Disarmed Position)에서 팽창위치(Automatic / Armed Position)로 넘어가지 않도록 정상위치 상태에서 고정핀을 삽입하여 움직이지 못하도록 하는 장치이다. 도어모드를 팽창위치로 옮기기 위해 Safety Pin을 뽑으려면 뒤쪽의 누름쇠를 누른 상태에서 잡아 당기면 뽑힌다.

누름쇠를 누르면 앞쪽의 베어링이 안쪽으로 들어가서 뽑을 수 있다.

앞쪽의 베어링이 튀어나와 있어서 뒤쪽의 누름쇠를 누르지 않으면 뽑히지 않는다.

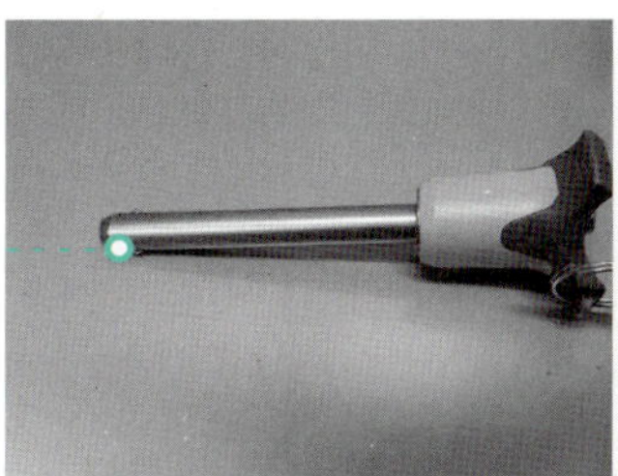

뒷쪽 누름쇠 누르기 전 모습

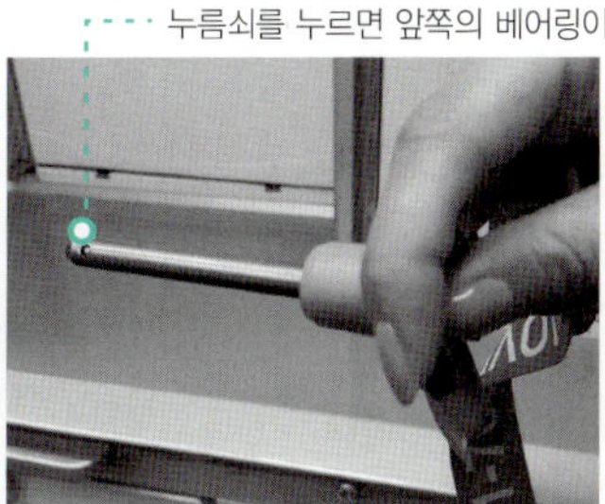

뒷쪽 누름쇠 누른 모습

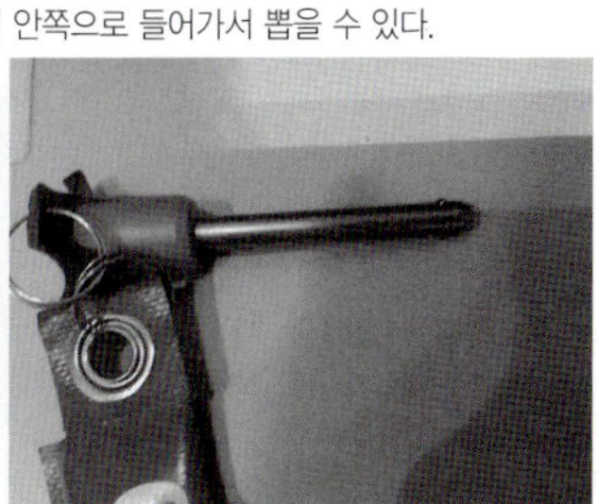

전체 모습

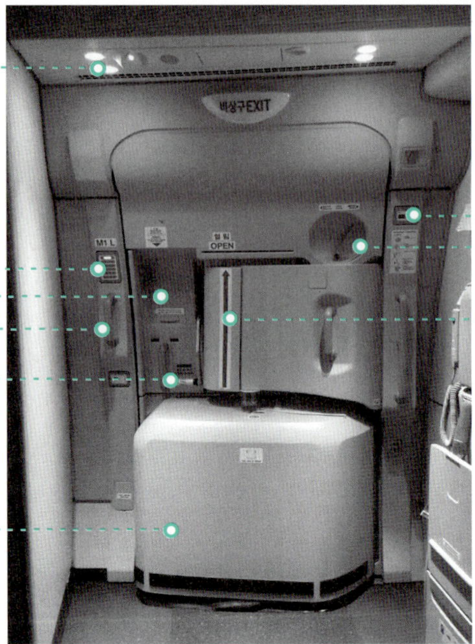

A380 항공기 도어 구조 설명

13. 승객 탑승 후 / PUSH BACK 중 하기 승객 발생시 대응절차

탑승했던 승객에게 갑자기 피치 못할 사정이 생기거나 의료적 문제점이 발생되어 하기를 요청하는 승객이 종종 발생한다. 이런 경우 항공사에서는 다음의 조치를 시행하여 사전 계획된 항공기 테러를 방지하는 데 만전을 기한다.

탑승객 하기시 객실사무장/캐빈매니저는 하기승객 정보를 지상직원에게 통보 및 기장에게 보고하고 운송직원 및 기장은 하기를 원하는 승객의 자발적/비자발적 여부를 판단한다.

❶ **자발적 하기시** : 해당 승객 및 해당 승객의 수하물 하기(별도 보안조치 시행), 운송직원이 공항 종합상황실 경유 관계기관에 통보하여 관계기관의 판단에 따른 보안점검을 시행한다.

ⓐ 전 승객 하기 불요시 : 하기한 승객의 좌석 및 전후 3열의 Seat Pocket, 구명복, Seat Cushion 하단 추가 점검 좌석 및 좌, 우 좌석 점검

ⓑ 전 승객 하기 필요시 : 탑승한 승객이 하기한 경우 모든 승객은 휴대품을

소지하고 하기하여야 하며 승객 하기 후 보안점검 CHK List의 Alert 3, 2에 의거 기내 보안점검 실시

❷ **비자발적 하기시** : 해당 승객 및 해당 승객의 수하물 하기(별도 보안절차 없음)

비자발적 하기란 다음의 기준에 해당하는 승객으로 별도의 보안조치 불요하다.

ⓐ 시스템 오류로 인한 좌석 중복된 탑승권 교부, 예약 초과로 인한 좌석 부족, 항공기 허용 탑재 중량(ACL : Allowable Cabin Load) 부족으로 인해 승객의 의사와 관계없이 부득이 하기하여야 하는 경우

ⓑ 기상, 정비 등과 같은 운항 지연 사유에 따라 승객이 여행을 포기하고 하기를 요청하는 경우

ⓒ 입국거부승객, 강제퇴거승객, 호송대상승객 및 환자승객이 여행을 지속할 경우 운항 중 항공기 및 승객의 안전에 영향을 줄 것이 우려되어 의료진 또는 당시 직원(승무원 포함)의 판단하에 해당 승객(일행 포함)이 하기할 경우

ⓓ 승객 하기의 원인이 항공사 또는 관계기관에 있음이 명백한 경우(단, 관계기관에서 구체적 정보에 의해 보안위협승객을 하기 조치한 경우 또는 관계기관의 요청이 있는 경우에는 항공사와 협조하여 전 승객 하기 또는 기내 재검색을 실시할 수 있다)

승객하기로 인한 보안 재검색 필요시 안내방송

안내 말씀 드리겠습니다. 탑승했던 일부 승객이 비행을 포기하고 내림에 따라 비행기의 보안검색을 다시 실시하겠습니다. 지금부터 모든 짐을 갖고 내려 주시기 바랍니다. 이는 손님 여러분의 안전을 위한 불가피한 조치입니다.
손님 여러분의 양해를 바라며 검색이 끝난 뒤 직원이 재탑승을 다시 안내해 드리겠습니다.

Ladies and Gentlemen, We regret to announce that this aircraft needs another Security check, because some passensers have decided not to travel with us today. Please take all of yours belongings with you when you deplane. Our ground staff will announce the re-boarding time after the security check is completed. Thank you for your cooperation.

Sterile Cockpit 이란?

비행중요단계(Critical phases flight)에서는 운항승무원의 업무에 방해를 줄 수 있는 객실승무원의 어떠한 행위도 금지한다.

- 항공기의 지상이동 및 비행고도 10,000ft(3,048m) 이하에서 운항하는 시점을 "비행 중요단계" 라고 규정하며 객실승무원은 이/착륙 시 Fasten seatbelt sign on/off 및 기내 표준신호를 이용하여 비행중요단계의 시작과 종료를 알 수 있다. 쉽게 말하면 지상이동 및 비행고도 10,000ft (3,048m)이하에서 객실승무원에 의한 조종실 연락을 제한하는 것을 "Sterile Cockpit"이라 한다.
- 객실승무원은 비행단계 중 항공기 이륙 전 지상이동(TAXING),이륙(TAKE OFF), 착륙(LANDING), 착륙 후 지상이동(TAXING) 및 이륙 후/착륙 전 10,000ft(3,048m) 고도이하에서 일체의 조종실 업무 방해 행위를 하지 말아야 한다.
- 하지만 객실승무원은 보고의 실시 및 지연이 비행안전과 직결 되는지 여부를 파악하기 어렵기 때문에 안전에 관련된 사항 또는 위급상황 발생 시 아래의 긴급신호를 이용하여 운항승무원에게 연락을 취할 수 있다. 기장은 안전을 고려하여 객실승무원과 통화여부를 결정할 수 있으며 즉각 응답이 어려운 경우 가능한 빠른 시간내에 객실승무원에게 연락한다.

Chapter 04

비행 중 **안전, 보안** 관리하기

1. 비행 중 상시 좌석벨트 착용 안내

2. 기내 밀폐공간 내부상태(화장실, 벙커, 코트룸) 점검

3. 비행 중 의심스러운 승객과 이상물건

4. 터뷸런스(기체요동, Turbulence)

5. 항공 보안법의 이해

Chapter 04

비행 중 **안전, 보안** 관리하기

수행 준거

- 객실 안전 규정에 따라 승객에게 상시 벨트 착용 여부를 확인하고 안내할 수 있다.
- 객실 안전 규정에 따라 승객의 기내 흡연 여부를 확인하고 제지할 수 있다.
- 객실 안전 규정에 따라 밀폐공간 내부상태를 확인하여 조치할 수 있다.
- 객실 안전 규정에 따라 항공기 운항 중 행동이 의심스러운 승객의 동태 및 이상물건에 대하여 신속히 보고할 수 있다.
- 객실 안전 규정에 따라 난기류(Turbulence) 발생 시 승객에게 안내방송을 하고, 필요조치를 취할 수 있다.

(인용출처: NCS 홈페이지-항공객실서비스)

01 비행 중 상시 좌석벨트 착용 안내

항공기 이륙 후 기장에 의해 "Fasten Seat Belt Sign"이 "Off" 되더라도 기내에 있는 모든 승객은 화장실 이용을 제외하고 좌석에 앉아 있을때나 누워 있더라도 항상 좌석벨트를 착용하고 있어야 한다. 왜냐하면

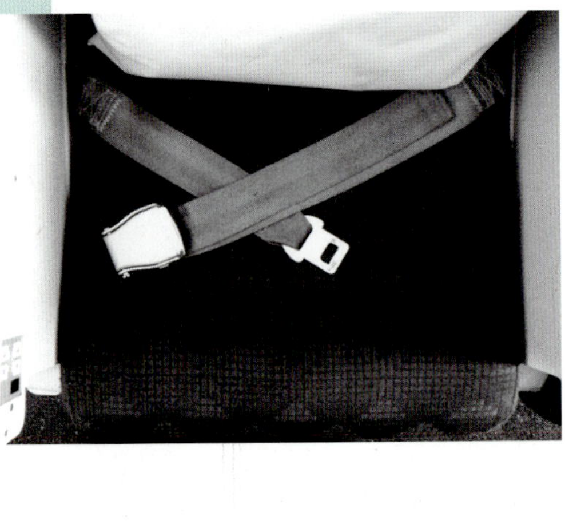

항공기가 진행하는 동안 조종석 앞에 있는 레이더를 통해 구름과 난기류를 사전에 감지하여 기장이 회피기동을 하거나 객실사무장/캐빈매니저,객실승무원에게 미리 알려줄 수 있으나 맑은 하늘이지만 레이더에 나타나지 않는 에어포켓 즉 CAT(Clear air turbulence,청천난류)를 만나면 꼼짝없이 수백피트 아래로 심하면 수천피트 아래로 항공기가 곤두박질 칠 수 있기 때문이다. 승객과 승무원이 부상을 당하는 이유는 바로 전혀 예측할 수 없는 CAT에 의해 피해를 입는 것이다.이 때 좌석벨트를 착용하지 않으면 기내 천정에 머리를 부딪히거나 떨어지면서 구조물에 부딪혀 심한 중상을 입게 된다. 따라서 항공기가 이륙하여 정상고도에 이르러 이동해도 좋다는 허가인"Fasten seat belt" 사인이 꺼진 후 방송담당 승무원은 즉각"비행 중 상시 좌석벨트 착용안내 방송"을 반드시 실시하게 된다.

02 기내 밀폐공간 내부상태(화장실, 벙커, 코트룸) 점검

여분의 롤페이퍼 / 화장실 내 물 잠금장치 / 화장실 거울 김 서림 방지장치 / 여분의 크리넥스

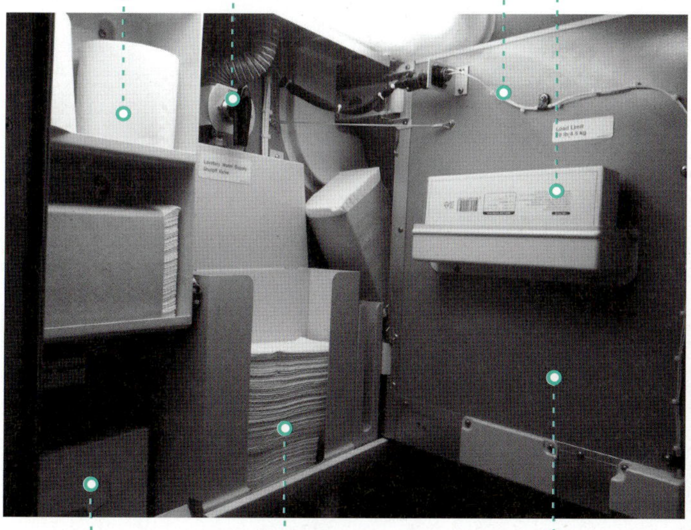

여분의 크리넥스 / 핸드페이퍼 타월 : 밑에서 순서대로 빼서 쓰게끔 되어 있다. / 화장실내 유리 뒷면

B777 항공기 화장실 내부 적재공간

크리넥스, 롤페이퍼, 핸드페이퍼 타월을 보관하며 물잠금 장치가 있으며 오른쪽 문 바깥쪽은 거울로 되어 있다.

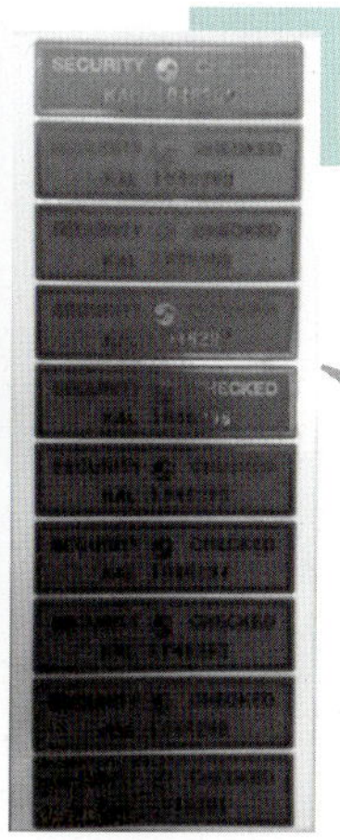

보안스티커 – 한 장씩 떼어 붙이게 되어 있으며 뜯어낸 자국이 있으면 재보안점검 실시한다.

비행 중 항공기 내 설치되어 있는 화장실, 승무원 휴게실, 승객 의복을 위한 코트룸은 수시로 점검하여 의심스러운 물건이 남아있지 않도록 최선을 다하여야 한다. 비행 중 객실승무원은 화장실은 매 30분마다 화장실 설비 및 내부공간을 점검하여 환자 발생, 의심스러운 승객의 유무를 파악하여야 하며 특히 화장실 내 Hand Paper Towel, 크리넥스 티슈, 롤페이퍼 등 비품을 보관하는 내부 적재공간을 반드시 한 번씩 열어보아 의심스러운 물건이 비치되어 있지 않도록 해야 한다. 비행 중 점검사항은 화장실 설비, 보안스티커 훼손상태, 이상 액체 물질 적재상태이다.

승무원 BUNK 보안 위한 키패드

키패드 열린 모습

B777 항공기 운항승무원용 BUNK

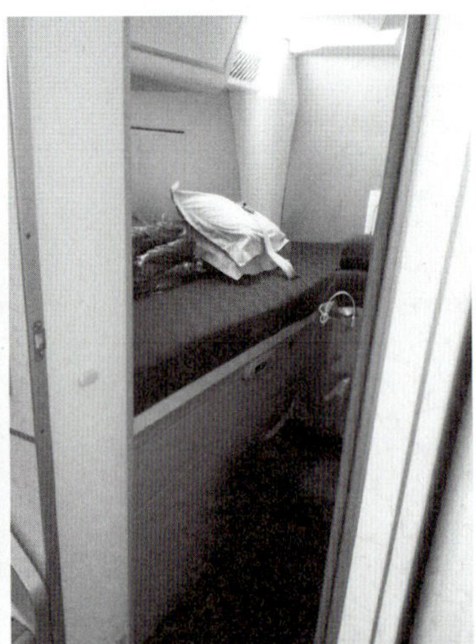

BUNK 내부모습

B737 항공기 코트룸

A330 항공기 코트룸

승무원 휴게실(Bunk)은 승무원만이 사용하는 공간이므로 승객이 점유하지 않도록 평상시 출입절차를 숙지하여 철저한 보안을 유지하여야 한다. 최근에는 승무원 휴게실마다 시건장치가 부착되어 승무원만의 비밀번호를 입력해야만 출입이 가능하도록 보안장치가 강화되었다. 또한 승무원 휴게실 안에는 사람이 들어갈 수 있는 비교적 넓은 공간이 적지 않게 있으므로 비행 전/중/후 반드시 Compartment마다 개봉 검사하여 의심스러운 물건, 사람이 남아 있지 않도록 해야 한다. 점검사항은 승무원 휴게실 내 안전장비, 보안스티커 훼손상태, 인가되지 않은 승객의 출입 및 잔류 여부이다.

코트룸(coat room)은 비행 중 승객의 요청이 없는 한 승무원의 손길이 제일 닿지 않는 공간이기도 하다. 코트룸 안에는 승객의 의복 및 응급처치에 필요한 약품상자 그리고 서비스용품이 혼재되어 있을 경우가 있으므로 반드시 분리하여 보관하고 비행 중 점검시에는 항상 코트룸에 설치되어 있는 조명을 점등하여 내부 구석까지 확실히 점검할 수 있도록 해야 한다.

03 비행 중 의심스러운 승객과 이상물건

객실승무원은 승객이 위험물을 반입할 가능성이 있기 때문에 비행 중 의심스러운 승객이나 물질을 발견했을 경우에 승객에게 내용물 확인을 요청하고 즉시 객실사무장/캐빈매니저를 통해 기장에게 연락하여 공항관계기관의 협조를 구해야 하며 특별한 요청이 없는 한 옮기거나 분해하지 않도록 한다.

비행 중 의심스러운 승객과 물건은 다음과 같다.

1. 한쪽으로 쏠려 있거나 봉합되지 않아 내용물이 흘러나올 수 있는 물건
2. 무엇인가 누출된 것 같은 현상을 보이는 물건
3. 외관상 이상스럽고 의심스러운 냄새를 풍기는 물건
4. 시계초침 소리가 들리거나 배터리가 연결되어 있는 물건
5. 물건을 들고 화장실을 자주 들락거리는 승객이나 오랜 시간 동안 화장실에서 나오지 않는 승객
6. 매우 불안해 하며 좌우를 살피며 승무원의 시선을 피하는 승객
7. 기내에서 식은땀을 흘리거나 눈동자가 풀려있는 승객
8. 비행 중 휴대폰/시계와 연결된 물체를 은밀히 분해하거나 조립하는 등의 비정상적인 행위를 반복하는 승객
9. 액체나 고체성 물질을 아주 조심스럽게 운반하는 승객
10. 권총이나 칼, 폭발물처럼 보이는 무기류를 소지하고 있는 승객

좌석 안내시 의심스러운 승객과 비행 중 의심스러운 승객은 항목에서 차이가 있을 수 있다.

비행 중 기내에서 행동이 수상한 승객 발견시 인터폰을 통하여 기장에게 보고하고 감시활동을 강화하며 만일 조종실 진입/파괴시도나 하이재킹 등 위협상황이 발생시 인터폰으로 보고할 수 없는 경우 설치된 비상벨을 이용한다. 객실승무원은 비행하는 항공기의 안전을 해치고 승객 및 승무원의 인명이나 재산에 위해를 가하며 기내 질서를 문란시키거나 규율을 위반하는 승객은 그 행위를 저지시키기 위한 필요한 조치를 취할 수 있다.

04 터뷸런스(기체요동, Turbulence)

TURBULENCE란?

항공기가 제트기류나 구름 등을 만나서 흔들리는 현상을 말하며, 승객과 승

무원의 기내 부상 요인 중 제일 큰 부분을 차지한다. CAT와 일반 Turbulence의 차이점은 다음과 같다.

① Tubulence와 CAT의 차이

- CAT(Clear Air Turbulence) : 항로상에 구름이나 바람도 없는 쾌청한 날씨에 공기 밀도 차이에 의해서 항공기가 놀이기구인 롤러코스터처럼 심하게 미끄러지듯 비행 중 저고도로 순식간에 낙하하는 현상을 말한다. 비행기를 조종 중인 운항승무원과 객실승무원 그리고 승객이 전혀 인지를 못하는 상황이므로 대부분의 심각한 부상은 CAT에 기인한다.
- Turbulence : 항공기가 비행 중 구름이나 제트기류를 만날 때 흔들리는 현상을 말한다.

요동치는 난기류 구름 모습

난기류에 파손된 항공기

❷ Turbulence 강도와 객실승무원의 행동지침

	Light	Moderate	Severe
기내현상	음료수 컵 찰랑 좌석벨트 약간 압박	기내 보행 곤란 좌석벨트 압박	기내 보행 불가능 좌석벨트 강하게 조임
행동지침			
신호	Fasten Seatbelt Sign		
	1회 / 2회		
기내서비스	조심스럽게 지속	중단 카트 상단 물건 고정	즉시 중단 카트 Brake
좌석벨트	승객 착용 여부 확인	즉시 Jumpseat 착석, 가는 동안 육안 확인	가장 가까운 자리 착석 무리하게 확인 않음.
기내방송	객실사무장(또는 객실승무원) 실시, 필요시 기장 추가 방송		
기내조명	객실 조명 Off시, Dim으로 조절 영화 상영 또는 승객 수면시 Galley 커튼 Open		

2015년 저자가 탑승한 한중노선에서 실제 일어났던 터뷸런스 후 모습(항공기 A330-300)

❸ Turbulence 조우시 객실승무원의 행동지침

Fasten Seatbelt Sign 1회 점등

- 조심스럽게 서비스를 계속한다.
- 뜨거운 음료를 서비스할 때 주변에 흐르지 않도록 주의를 기울인다.
- 승객의 좌석벨트 상태를 확인하고 착용하도록 안내한다.
- 화장실 내 승객의 유무를 확인한다.

Fasten Seatbelt Sign 2회 점등

- 서비스를 중단하며 가장 가까운 좌석이나 Jump Seat에 착석한다.
- 서비스 Cart를 카트보관소(Comparment)에 보관하거나 복도 좌우측에 대각선으로 위치시키고 Cart Brake 페달을 밟는다.
- 뜨거운 물, 커피, 녹차 등은 바닥에 내려 놓는다.
- 승객의 좌석벨트 착용상태를 무리하게 점검하지 않는다.

비행 중 터뷸런스 조우시 실시 방송문

- Tubulence 1차 (터뷸런스 1차)

> 손님 여러분 비행기가 흔들리고 있습니다.
> 좌석벨트를 매주시기 바랍니다.
> Ladies and gentlmen/
> We are experiencing turbulence./
> Please return to your seat/ and fasten your seatbelt./

- Tubulence 2차 (터뷸런스 2차)

> 손님 여러분
> 비행기가 계속해서 흔들리고 있습니다.
> 좌석벨트를 매셨는지 다시 한 번 확인해 주시고 화장실 이용을 삼가시기 바랍니다.
> Ladies and gentlemen/
> We are continuing to experience turbulence./
> For your safety/ Please remain seated with your seatbelt fastened./

- Tubulence 3차 /서비스 일시중단(터뷸런스 3차 /서비스 일시중단)

지금 비행기가 심하게 흔들리고 있어 잠시
기내서비스를 중단하겠습니다.
기류가 안정되는 대로 서비스를 다시 시작하겠으니
양해해 주시기 바랍니다.
Ladies and gentlemen/
We must also suspend cabin service until conditions improve./
Thank you for your understanding/

- Tubulence 후 서비스 재개시

손님 여러분
기류 변화로 인해 비행기가 (다소, 많이) 흔들렸습니다.
하지만 지금은 기류의 영향권에서 벗어나 정상 운항하고 있으며
안전에는 문제가 없으니 안심하시기 바랍니다.
곧 식사 및 음료 서비스가 계속 되겠습니다.
Ladies and gentlemen/
thank you for your patience./
We will now be resumming our meal/beverage service./
Please enjoy the rest of the flight./

- CAT 또는 Severe Tubulence 조우 후

손님 여러분
조금 전 예기치 못한 기류 변화로 인해 비행기가 심하게 흔들렸습니다.
이점 널리 양해해 주시기 바라며 도움이 필요하신 분이 계시면
저희 승무원에게 말씀해 주십시오.
Ladies and gentlemen/
the turbulence we just experienced was /quite rare /and unexpected/ and we are now out of this area./
Please keep your seatbelt fastened at all times/ and if you need any assistance,/ please ask our cabin crew/
Thank you/

05 항공 보안법의 이해

항공보안이란?

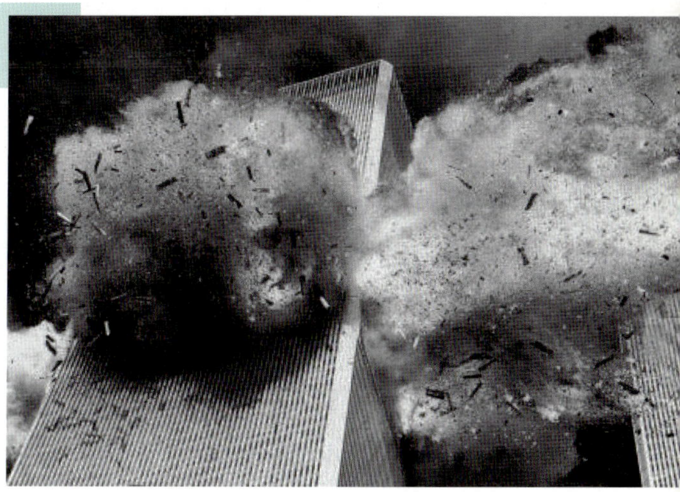

국제민간항공기구는 국제민간항공조약 부속서 제17조에서 항공보안의 개념을 다음과 같이 정의하고 있다. "항공보안이란 국제민간항공을 범죄로부터 보호하기 위하여 인력과 물자, 대책을 종합한 것(A Combination of measures and human and material resources intended to safeguard international civil against acts of unlawful interference: ICAO Annex 17, Chapter 1 ,Definition)"으로 정의한다. 따라서 항공보안은 불법적인 기내업무 방해행위나 위협으로부터 민간항공의 안전을 보호하기 위하여 사람과 관련되거나 의심스러운 물건이나 환경을 조성하는 것들과 여러 요소가 결합된 부분들을 사전에 차단 또는 제압하는 것이다.

항공기 내에서의 범죄 및 기타 행위에 관한 협약에서는 항공보안의 목적이 민간항공을 대상으로 하는 항공기 납치, 항공기 폭파, 항행(항공기나 차량의 움직임을 계획, 분석, 그리고 조절하는 과정) 안전시설 및 공항시설의 파괴 등을 자행하는 테러 등의 불법방해행위로부터 민간항공의 운항을 보호하고 승객, 승무원, 지상 운영 요원과 일반 국민을 보호하는 것이다.

항공보안이 범죄로부터 민간항공을 보호하는 것으로 정의된다면 항공보안의 개념을 구체화하기 위해서는 항공범죄에 관한 개념을 구체화하는 것이 필요하다. 우선 항공범죄의 종류을 열거하면 다음과 같다.

- 항공기 납치행위
- 항공기 납치기도행위
- 운항 중인 항공기의 폭파행위
- 공항 등 항공 운송시설물 폭파행위

- 항공기 내의 범죄행위
- 기타 항공운송의 안정성을 저해하는 불법행위(운항 중인 항공기 내 또는 안전운항을 저해하는 농성행위, 항공기 점거행위)

1. 항공보안법 제23조 이해하기

국내 항공안전 관련 법적 근거

국제법

- ICAO 협약 부속서 제17조
- Tokyo Convention
- IATA Security Manual

국내법

- 항공법
- 항공보안법

제1조(목적) 이 법은 「국제민간항공협약」 등 국제협약에 따라 공항시설, 항행안전시설 및 항공기 내에서의 불법행위를 방지하고 민간항공의 보안을 확보하기 위한 기준·절차 및 의무사항 등을 규정함을 목적으로 한다. 〈일부 개정 2015년 12월28일/ 일부 개정 발효 2016.1.19.〉

항공보안법 제23조

① 항공기 내에 있는 승객은 항공기와 승객의 안전한 운항과 여행을 위하여 다음 각 호의 어느 하나에 해당하는 행위를 하여서는 아니 된다. [개정 2013.7.16] [[시행일 2014.4.6]]

1. 폭언, 고성방가 등 소란행위
2. 흡연(흡연구역에서의 흡연은 제외한다)
3. 술을 마시거나 약물을 복용하고 다른 사람에게 위해를 주는 행위

4. 다른 사람에게 성적(性的) 수치심을 일으키는 행위
5. 「항공법」 제61조의2를 위반하여 전자기기를 사용하는 행위
6. 기장의 승낙 없이 조종실 출입을 기도하는 행위
7. 기장등의 업무를 위계 또는 위력으로써 방해하는 행위

② 승객은 항공기의 보안이나 운항을 저해하는 폭행 · 협박 · 위계행위(危計行爲)를 하거나 출입문 · 탈출구 · 기기의 조작을 하여서는 아니 된다. [개정 2013.4.5] [[시행일 2014.4.6]]

③ 승객은 항공기가 착륙한 후 항공기에서 내리지 아니하고 항공기를 점거하거나 항공기 내에서 농성하여서는 아니 된다.

④ 항공기 내의 승객은 항공기의 보안이나 운항을 저해하는 행위를 금지하는 기장등의 정당한 직무상 지시에 따라야 한다. [개정 2013.4.5] [[시행일 2014.4.6]]

⑤ 항공운송사업자는 금연 등 항공기와 승객의 안전한 운항과 여행을 위한 규제로 인하여 승객이 받는 불편을 줄일 수 있는 방안을 마련하여야 한다.

⑥ 기장등은 승객이 항공기 내에서 제1항제1호부터 제5호까지의 어느 하나에 해당하는 행위를 하거나 할 우려가 있는 경우 이를 중지하게 하거나 하지 말 것을 경고하여 사전에 방지하도록 노력하여야 한다.

⑦ 항공운송사업자는 다음 각 호의 어느 하나에 해당하는 사람에 대하여 탑승을 거절할 수 있다. [개정 2013.3.23 제11690호(정부조직법), 2013.4.5] [[시행일 2014.4.6]]

1. 제15조 또는 제17조에 따른 보안검색을 거부하는 사람
2. 음주로 인하여 소란행위를 하거나 할 우려가 있는 사람
3. 항공보안에 관한 업무를 담당하는 국내외 국가기관 또는 국제기구 등으로부터 항공기 안전운항을 해칠 우려가 있어 탑승을 거절할 것을 요청받거나 통보받은 사람
4. 그 밖에 항공기 안전운항을 해칠 우려가 있어 국토교통부령으로 정하는 사람

⑧ 누구든지 공항에서 보안검색 업무를 수행 중인 항공보안검색요원 또는 보호구역에의 출입을 통제하는 사람에 대하여 업무를 방해하는 행위 또는 폭행 등 신체에 위해를 주는 행위를 하여서는 아니 된다.

2016년 1월19일부터 시행되는 항공보안법 개정 시행령

국토교통부는 항공기 내에서의 소란행위 등과 기장 등의 업무를 방해하는 행위에 대한 처벌을 크게 강화하여 기장의 업무수행을 보호하는 한편, 기내에서 죄를 범한 범인의 인도를 의무화하여 불법 행위자에 대한 사법처리 절차를 반드시 이행 하도록 하는 내용을 담은 「항공보안법」 일부 개정안이 지난해 연말 국회 본회의를 통과(2015년 12월28일)하여, 2016년 1월 19일 공포 · 시행된다고 발표했다.

개정안의 주요 내용은 다음과 같다.

1. 불법 행위자에 대한 경찰 인도 의무화(제25조제1항, 제51조1항 제12호)

(현행) 인도의 절차만 기술 → (개정) 인도 의무화 및 위반 시 1천만원 이하 과태료

현행 법률은 항공기 안전운항을 위해 기장 등 승무원에게 사법경찰관의 권한을 부여하고, 기내에서 죄를 범한 범인을 경찰관서로의 인도 절차만 규정하고 있는 바, 현행 절차규정을 의무규정으로 명시하여 기내 범죄자에 대한 법적 이행을 강화할 필요성이 있음

* 사법경찰관리의 직무를 수행할 자와 그 직무범위에 관한 법률 제7조 제2항 이에 따라, 항공기 내에서 항공보안법에 따른 죄를 범한 범인에 대하여 기장 등은 해당공항 관할 경찰에 반드시 인도하도록 의무화 하고, 이를 위반한 기장 등이 속한 항공운송 사업자 에게는 1천만원 이하의 과태료를 부과토록 하여 법률의 실효성을 확보 하였다.

2. '기장의 업무 방해 행위'에 대한 벌칙기준 상향(제49조제2항 신설)

(현행) 5백원의 이하 벌금 → (개정) 5년 이하 징역 또는 5천만원 이하 벌금

기장 등 승무원에 대한 업무방해 행위의 처벌 수준(벌금 500만원 이하)이 형법의 유사 조항(5년이하 징역 또는 1천5백만원 이하의 벌금)과 형량 불균형*이 존재함에 따라 벌칙수준을 상향할 필요가 발생하였다.

* 형법 제314조(업무방해)는 5년 이하 징역 또는 1천5백만원 이하의 벌금 기장 등의 업무방해 행위를 현행 '5백만원 이하 벌금'에서 '5년 이하의 징역 또는 5천만원 이하 벌금'으로 상향조정하여 항공기 안전운항을 위해 기장 등 승무원에게 부여된 권한을 보호한다.

3. '항공기내 소란행위 및 음주 · 약물 후 위해행위'에 대한 벌칙 기준을 상향
(제50조 제1항 제3호 신설)

(현행) 5백만원 이하의 벌금 → (현행) 1천만원 이하의 벌금

기내 불법행위 근절에 대한 사회적 요구가 큼에도 불구하고, 기내 불법행위가 지속적으로 증가추세에 있음

* (2013) 203건 → (2014) 354건 → (2015년 10월) 369건 → 이러한 증가추세는 부분적으로 최근 보다 엄격한 법집행에 다른 것임. 특히, 최근 2015년 12월 '전직 권투선수 기내 소란행위' 등 승객의 기내 난동행위의 정도가 항공기 안전운항에 심각한 저해 요인으로 작용하고 있고, 음주행위와 병행하여 나타나고 있으며, 타 범죄 행위(폭력, 성희롱 등)로 확대되어 나타나는 경향이 있음을 감안하여 볼때 폭언, 고성방가 등 기내 소란행위와 음주 · 약물복용 후 위해행위는 보다 강력한 처벌이 필요하여 현행 '5백만원 이하 벌금'에서 '1천만원 이하 벌금'으로 처벌수준을 상향하여 기내 불법행위를 방지하여야 한다.

4. 승객의 협조의무 위반 시 처벌요건 중 '기장의 사전경고에도 불구하고'를 삭제
(제50조제2항, 제3항)

* (항공보안법 제23조) 기내 소란행위, 흡연, 음주 후 위해행위, 성희롱, 전자기기 사용

승객의 협조의무 위반은 항공기 안전운항을 저해하는 불법행위임에도 현행규정은 '사전경고'의 문구를 두어 처벌의 구성요건으로 오해할 소지가 있고 이에, 범죄 구성요건으로 적합하지 않은 '사전경고'를 삭제하여 법률 적용의 실효성을 확보하고자 하며, 이는 불법행위에 대한 일반인의 인식 제고를 반영한 것이며 승객에게는 기내 불법행위 금지사항을 명시한 '기내방송'과 '안내책자'를 통하여 '사전경고'에 갈음하는 안내를 실시하고 있다.

*** '항공운송사업자의 항공기내 보안요원 운영지침' 개정 · 시행(2015.6.30.)**

2016년 1월19일 시행되는 항공보안법과 더불어 승객의 안전에 위협을 줄 수 있는 행위 등 항공보안관련 사건 · 사고에 보다 신속하고 효율적인 대응이 가능할 것으로 예상되며 국토교통부 관계자는 "이번 항공보안법 개정은 대한항공 회항사건(2014.12.5.)을 계기로 불법 행위자에 대한 벌칙수준을 합리

적인 수준으로 상향하는 내용으로, 항공기내 안전확보 및 불법행위 방지에 대한 국민들의 높은 요구를 반영한 것이고, '이집트공항 러시아 여객기 폭발(2015.10.31.)', '프랑스 파리 동시다발 테러(2015.11.13.)' 등 최근의 사건들을 볼 때 특히 국제테러에 취약한 항공분야 테러방지를 위해 크게 도움이 될 것"이라고 설명하면서, "이번 개정을 통해 기내 불법행위에 대해 처벌이 크게 강화되고, 범인의 인도를 의무화함으로서 사법처리 절차도 엄격하게 적용됨에 따라 그간의 불법행위가 대폭 감소될 것으로 기대된다"고 말했다.

2. 음주, 난동, 만취, 폭력, 성희롱, 흡연, 집단행동, 기내 시설물 무단사용: 기내 업무 방해 행위

최근 3년 사이 비행기에서 담배를 피우거나 소란을 일으켜 인천공항에서 적발된 항공보안법 위반 범죄가 급증한 것으로 나타났다. 2015년 9월 국회 국토교통위원회가 경찰청으로부터 제출받은 자료에 따르면 인천공항에서 발생한 전체 범죄는 2013년 373건에서 지난해 387건으로 소폭 늘었다. 올 7월까지는 205건이 발생했다. 이 중 항공보안법 위반 범죄는 2013년 14건에서 지난해 44건으로 3배로 급증했다. 올 7월 현재 63건으로 이미 지난해 발생 건수를 넘어섰다.

인천공항 내 범죄 발생 현황

구분	총계	죄종별(건)			
		흡연	추행 등	폭행(상해)	소란
2013년	14	12	0	1	1
2014년	44	31	3	2	8
2015년 1~7월	63	55	3	2	3
합 계	121	98	6	5	12

구분	총계	죄종별(건)				
		절도	점유이탈	폭행	항공보안법	기타
2013년	373	145	23	34	14	157
2014년	387	110	45	45	44	143
2015년 1~7월	205	43	30	19	63	50
합 계	965	298	98	98	121	350

항공보안법 위반은 기내 흡연이 많았고, 주로 화장실에서 몰래 담배를 피우다가 적발됐다.

2013~2015년 7월 사이 항공보안법 위반 121건 중 흡연이 98건으로 전체의 81%에 달했다. 2013년 12건에서 지난해 31건, 올 7월 현재 55건으로 급증세를

보였으며 항공보안법에서는 운항 중인 기내에서 담배를 피우면 500만원 이하 벌금을 물리도록 규정하고 있다. 또한 술에 취해 승객에게 시비를 걸거나 소리를 지르고 욕설을 하는 '소란' 행위도 2013~2015년 7월 사이 12건 발생했으며 여승무원의 허리를 감싸안거나 옆 좌석에 앉은 승객을 보며 음란행위를 하는 등의 성추행 행위 등이 6건, 비즈니스석으로 자리를 옮겨달라고 행패를 부리다 이를 제지하는 객실사무장/캐빈매니저나 여승무원을 때리는 등 폭행이 5건 있었다.

2013~2015년 7월 사이 인천공항 내 발생한 범죄 965건 중 가장 많이 차지하는 죄종은 절도로, 모두 298건에 달했다.

그다음이 항공보안법 위반이고, 남이 놔둔 물건을 들고 가 사용한 범죄인 점유이탈물횡령과 폭행(각 98건)이 뒤를 이었다.

따라서 최근 3년간 인천공항/비행 중인 항공기 내에서 항공보안법 위반 범죄가 급증하고 있으며, 국내 항공기 이용객이 꾸준히 증가하는 데 비례해 상응하는 치안대책을 마련해야 한다.

기내업무 방해행위란 승무원의 정당한 직무집행을 방해하거나 승무원과 탑승객의 안전한 운항이나 여행을 위협하는 다음 일체의 행위를 말한다.

1. 승무원 및 타 승객에 대한 폭행, 폭언, 협박, 위협행위를 포함한 소란행위
2. 음주(만취) 및 약물중독으로 벌어진 소란행위
3. 기내 흡연, 금지된 전자기기의 사용
4. 승무원, 승객에 대한 성추행, 성희롱
5. 기장의 승낙 없이 조종실 출입을 기도하는 행위
6. 착륙 후 항공기에서 농성을 하거나 점거하는 행위
7. 운항 중인 항공기의 도어핸들 조작, 화장실 내 연기감지기 훼손, 조종실 문을 발로 차는 행위

3. 기내 불법행위 발생시 대응 절차

기내업무 방해행위 대응 절차

기내업무 방해행위 유형

유형 1. 공격적이나 설득 가능 : Complied

유형 2. 공격적이며 대화 어려움 : Does Not Comply

유형 3. 범법적 성격 농후 : Criminal

기내업무 방해행위 대응 절차

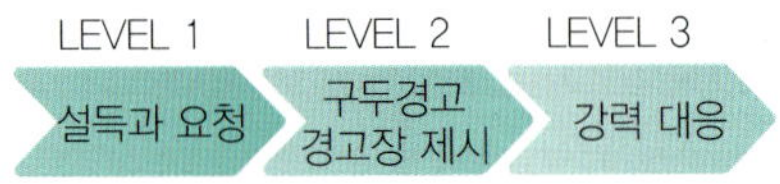

- LEVEL 1 : 설득과 요청

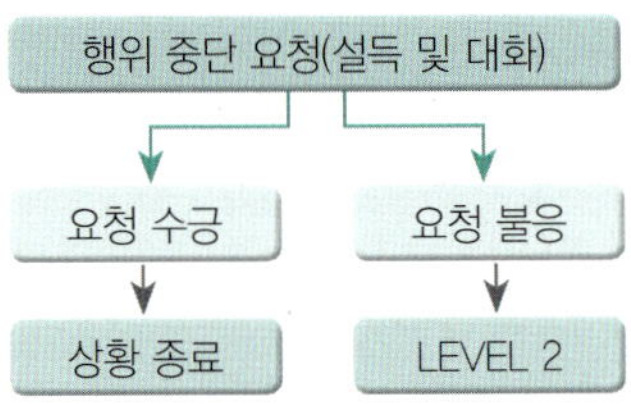

- LEVEL 2 : 구두경고 또는 경고장 제시

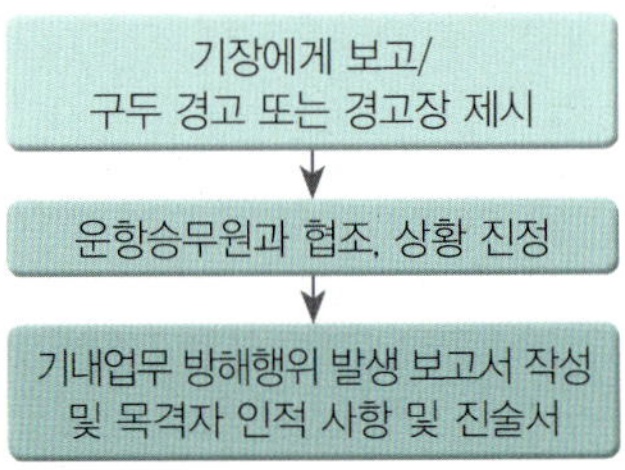

- LEVEL 3 : 강력 대응

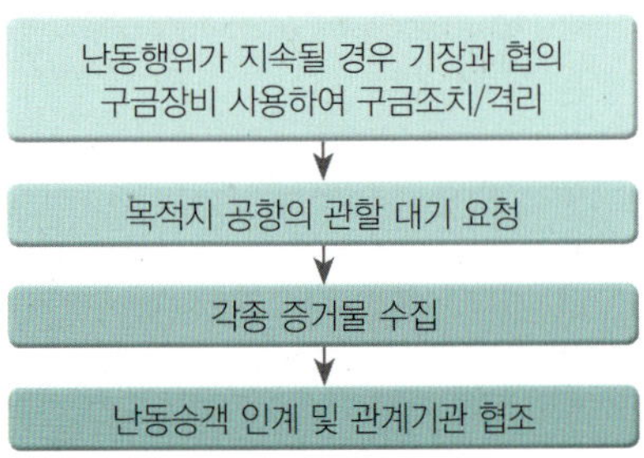

4. 기내 불법행위 발생시 적극적인 경찰 인계(도착지 공항) 절차

❶ 기장은 기내 불법행위 발생 시 즉시 도착지 경찰인계 한다.

(불법 행위자 경찰 인계의무 위반시 기장이 속한 항공사에 1천만원 이하의 벌금. 2016. 01. 19일부터 시행)

기내 불법행위 유형		경찰 인계 절차
중대한 불법행위	• 승무원 폭행 • 성적 수치심 유발 행위(성희롱 등) • 기내 흡연(전자담배, 유사흡연기구 포함) • 조종실 진입 기도행위 • 기내출입문 · 탈출구 및 기기조작 행위	경찰 인계
경미한 불법행위	• 승무원 협박 및 업무방해 • 승무원 또는 승객 대상 폭언 등 소란행위 • 음주 후 위해행위 • 승객 간 폭행 • 허용되지 않은 전자기기 사용	경찰 인계 후 행위 지속시

❷ 불법행위 발생시 경찰 인계 절차

- 사무장, 캐빈매니저 : 기내 불법행위 발생시 즉시 기장에게 보고 및 관련증거를 확보한다.
- 기장 : 불법행위 발생시 반드시 목적지 경찰에게 인계 한다.
  - 불법행위 인계절차 : 통제센터를 통해 도착지 공항 경찰출동 요청

❸ 불법행위 발생시 녹화 등 증빙 확보 적극 실시

ⓐ 실시시기 : 기내 불법행위 발생 초기

ⓑ 실시방법 : 스마트 폰 이용 녹화 실시

- 녹화를 우선적 하되, 급박한 사정으로 불가한 경우 녹음 실시
- 승객에게 "녹화(녹음)를 시작하도록 하겠습니다." 라고 안내 후 실시

ⓒ 자료전달 : 녹화(또는 녹음) 파일 경찰 인계

기내 흡연 제지를 위한 안내방송

안내말씀 드리겠습니다.

기내에서의 흡연, 특히 화장실 안에서 담배를 피우시는 것은 비행기 안전을 직접 위협할 수 있으며 항공안전 및 보안에 관한 법률에 따라 엄격히 금지되 있습니다.

손님여러분의 안전하고 쾌적한 여행을 위한 기내 금연 규정에 적극 협조해 주시기 바랍니다. 감사합니다.

Ladies and gentlemen/

For safety reasons,/ aviation law strictly prohibits smoking on the airplane,/ including in the lavatories./

Thank you for your cooperation./

기내농성 승객 하기 요청 방송문

안내말씀 드리겠습니다.

항공법에 따라 비행기 안에서의 농성은 엄격히 금지 되 있습니다.

아직 하기하지 않은 손님께서는 조속히 내려 주시고 불편사항에 대해서는 공항 내 운영되고 있는 항공기 이용피해 구제 접수처의 안내를 받으시기 바랍니다.

Ladies and gentlemen/

In accordance with aviation security laws,/

it is strictly forbidden/ to make any unofficial demands in the cabin./

We request all passengers to deplane now./

Your complaint issue will be kindly addressed/ at the passenger service desk in the terminal./

Thank you for your cooperation./

기내소란행위 자제 방송문

안내말씀 드리겠습니다.

비행 중 한 곳에 모여 큰소리로 이야기를 나누시면 다른 손님들의 큰 불편을 초래할 수 있습니다. 객실승무원의 안내에 따라 좌석으로 돌아가 주시기 바랍니다.

Ladies and gentlemen/

As a courtesy to other passensers on board,/ we ask you to refrain from making loud noises or gathering in large groups./

Please return to your seat as directed by cabin crew/ Thank you for your cooperation./

- 기내 난동승객 : 법적 대응 후 방송문

손님여러분
저는 여러분을 모시고 가는 사무장입니다.
조금전 기내 안전을 위협하는 행위가 계속되어 해당손님을 불가피하게 억류하게 되었습니다. 이는 관련법규에 근거한 조치오니 널리 양해해 주시기 바랍니다. 원만한 사태해결위해 협조해 주신 손님들께 다시 한번 감사 드립니다.
Ladies and gentlemen/
This is purser speaking/
There was an unexpected cabin disturbance/ caused by one of passenser./
/and it is now under control./
Thank you for your understanding/

5. 기내업무 방해행위 처벌 규정

행위	처벌
욕설, 흡연, 음주, 약물, 성추행, 전자기기의 사용	1,000만원 이하의 벌금
기장의 승낙 없이 조종실 출입 기도	1,000만원 이하의 벌금 또는 1년 이하 징역
항공기 점거 항공기 농성	2,000만원 이하의 벌금 또는 3년 이하 징역
승객의 안전한 여행에 위험을 초래한 자	10년 이하 징역

6. 항공보안법 제23조 위반 실제사례 모음

국내 해외여행객의 수가 폭발적으로 증가하고 있다. 지난 8월 전년인 2014년 7월 대비 15.2% 증가한 167만 5천여 명에 달한 것으로 나타났다. 2004년 이후

10년간 국내 해외여행객의 수가 가장 많은 해가 2014년인 것에 비해 2015년 그 증가세가 더욱 뚜렷해지고 있는 것으로 나타났다.(한국관광공사 "한국관광통계자료") 내국인의 해외여행객 수는 연휴의 증가와 휴가를 한꺼번에 사용하는 최근 추세 때문에 앞으로도 더욱 증가할 것으로 예측되며 늘어나는 여행객의 수만큼 항공기를 이용하는 승객들의 항공기 내 에티켓이 심각한 문제로 대두되고 있다. 개개인의 무질서한 행위는 물론 어린아이를 동반하는 가족단위 여행객의 경우 같은 항공기를 타고 가는 다른 승객들에게 불편과 불만족을 전가하는 경우가 증가되고 있기 때문이다. 국토교통부는 2010~2015년 6월까지 비행 중 발생한 사고의 통계를 발표하였다. 전체 475건 가운데 흡연이 285건(60%)으로 가장 많고, 소란행위 90건(18.9%), 폭행 · 협박행위 45건(9.5%), 성적 수치심 유발행위와 음주 · 약물사건이 각각 25건(5.3%)을 차지했고 비행 중 소란 등 다양한 유형의 비매너 사건이 점점 증가하는 추세에서 더 이상 위와 같은 불법행위는 남의 이야기가 아니다. 피해자는 바로 우리가 될 수가 있으며 해외여행 이용시 공공의식을 가지고 나보다 남을 배려하는 자세가 필요한 시점이다. 이제 실제 비행 중 항공보안법 위반 사건을 살펴 보면서 법의 실제 적용사례를 보도록 하자.

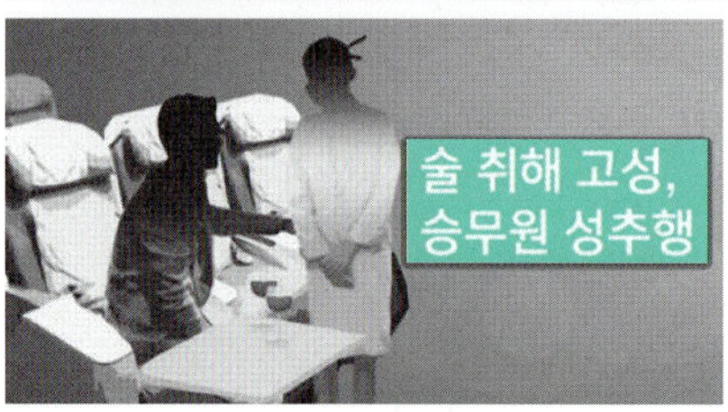

사례 1

2011년 11월 3일 오후 7시 20분 제주발 부산행 항공기 화장실에서 담배를 피운 혐의의 승객이 이를 제지하는 승무원에게 욕설과 함께 머리로 승무원의 얼굴부위와 입술을 들이받아 전치 3주의 상처를 입힌 혐의로 기소됨.

항공보안법 제23조 제1항 위반. 벌금 300만원

사례 2

2011년 12월 7일 부산발 제주행 기내에서 50세 남성이 비행기 바닥에 누워 잠을 자기 시작했고 승무원이 지정된 좌석에 앉을 것을 권유하였다. 하지만 해당 남성승객은 승무원에게 '왜 깨우냐, 니가 뭔데'라며 욕설을 퍼부었고 주먹으로 승무원의 얼굴을 때리고 손으로 여성의 가슴부위를 가격하였으며 다른 승무원이 '경찰을 부르겠다'라고 경고했지만 오히려 '내가 어떻게 변할지 모르니 조심해라'하며 승무원을 위협하고 입에 담기 힘든 욕설로 위협한 혐의로 기소됨.

항공보안법 제23조 제1항 위반. 징역 1년 집행유예 3년 선고

사례 3

2010~2016년 현재 항공기 내에서 휴대전화 등 전자기기를 사용하는 것은 비행기 기기의 공진현상과 오작동을 일으키기 때문에 법으로 금지되어 있으며 이를 위반하면 항공보안법 위반으로 처벌을 받게 됨. 이러한 사례는 너무 많아 기재 불가

항공보안법 제23조 제1항 위반. 500만원 이하의 벌금

사례 4

2012년 3월 5일 오전 8시 김포공항발 부산행 기내에서 만취상태로 탑승한 김모씨가 승무원에게 폭언, 욕설 및 신체적인 위협을 가해 항공기 지연 및 승무원 업무방해 행위로 기소됨.

항공보안법 제23조 제1항 위반. 1심에서 법정 최고형 구형

사례 5

2012년 2월 20일 오후 5시 김포공항발 제주행 비행기에 폭발물을 설치했다는 장난전화를 건데 이어 같은 날 저녁과 다음 날 오전 KTX 열차에 폭발물을 설치했다고 장난전화를 함으로써 국가정보원 요원과 공항경찰대 기동대원 등이 수색작업을 벌이고 승객들이 해당 항공기의 탑승을 포기하는 등의 큰 불편을 초래하여 기소됨.

항공보안법 제23조 위반. 1심에서 징역 2년 선고

사례 6

2013년 일본 저비용 항공사의 항공기가 인천국제공항발 오사카행 비행기에서 승객 한 명이 이륙 직전 하기하였음에도 불구하고 기내 보안검색을 실시하지 않고 출발함.

조종사 및 객실승무원 일본 지방법원 재판회부

사례 7

2013년 4월 15일 인천공항에서 출발하여 미국 로스앤젤레스로 향하는 기내에서 라면의 질에 대한 불만족으로 불만을 제기하던 한국 포스코 상무는 잡지책으로 객실승무원의 눈두덩을 폭행하였다.

항공보안법 제23조 제1항 위반. 해당 상무 사과문 게재, 사직 및 고액벌금 부과

사례 8

2014년 3월 인천국제공항에 주기되어 있던 항공기에 폭탄을 적재하였다는 허위제보를 하고 공항 시설물에도 폭발물을 설치했다는 장난전화를 한 미성년자가 체포되어 기소됨.

항공보안법 제45조/제48조 공항운영방해죄/운항방해정보제공죄 위반

사례 9

2014년 8월 9일 싱가포르발 인천행 항공기 내에서 싱가포르 승객이 승무원이 통로를 오갈 때마다 치마 속 부위를 카메라로 촬영하다 적발됨. 해당 승객은 경찰에서 부인하였지만 계속되는 추궁에 결국 자백함.

항공보안법 제23조 위반. 한국 입국 불가 및 추방

사례 10

2014년 9월 8일 인천국제공항발 터키 이스탄불행 항공기에서 과다음주를 한 터키 승객이 승무원의 제지에도 불구하고 계속적인 주류 요구 및 폭언, 폭행을 하였고 급기야 항공기 갤리에 들어가 주류를 요구하다 기내 보안장비인 테이저 건을 맞고 기내 체포됨.

항공보안법 제23조 제1항 위반. 터키 자국에서 귀국 직후 긴급체포

사례 11

2015년 1월 7일 인천국제공항발 샌프란시스코행 비행기 내에서 연예인 승객이 과다한 술을 마시고 기내에서 기장 사전 경고에도 불구하고 승무원 A씨의 왼쪽 팔을 잡고 휴대전화 번호와 호텔이 어딘지를 물었으며 다른 승무원에게 제지당한 뒤에도 한 차례 더 지나가던 A씨의 허리를 감싸안는 등 강제추행을 하고 다른 여승무원의 허리를 껴안는 등 소란을 부리며 주위 승객을 밀쳐내는 등의 폭력을 행사한 혐의로 기소됨.

항공법 제23조 제1항 위반. 징역1년 집행유예 2년 성폭력 치료 프로그램 이수

사례 12

2015년 4월 17일 중국 다롄에서 선전으로 가던 여객기 안에서 앞 좌석 등받이를 너무 눕혔다며 20대 여성 2명과 50대 여성 2명이 시비가 붙었고, 상공 7,000m에서 벌어진 싸움 덕분에 결국 비행기는 장쑤성 난퉁공항에 비상착륙한 혐의로 기소됨.

중국공안법 위반, 즉시 기소되어 중국법정 1심 최고형 부과

사례 13

2015년 12월 7일 오후 4시 35분 상하이(上海)를 출발해 미국 뉴욕으로 향할 예정이던 유나이티드 항공 UA 087편 여객기에서 한 남성이 난동을 부려 당국에 체포됐다. 이 남성은 애초 비상 탈출구를 열라고 요구했고 제멋대로 자리를 바꿔 앉았으며 승무원이 이를 제지하자 고래고래 소리를 지른 것으로 전해졌다. 또한 기장의 요청에 따라 출동한 공항 보안관들이 그를 끌어 내리려 하자 그는 도리어 경찰을 공격해 3명의 경찰관이 다친 것으로 전해졌다.

중국 국적자로 추정되는 이 남성의 이름은 '루융(盧勇)'으로, 미국 펜실베이니아주립대학에서 부교수로 재직 중이며 지난 8월 중국 쓰촨(四川) 성 청두(成都)의 서남재경대학에 단기교수로 채용되었다.

중국 공안당국에 의해 공무집행방해, 기내난동으로 체포되어 재판 대기 중이고 대학에서 즉각 해임

사례 14

2015년 12월 17일 전직 권투선수 A씨는 12일 오후 7시 20분께 제주행 B사 항공기에서 소주가 담긴 물병을 몰래 갖고 탑승한 후 옆 좌석 승객에게 술을 권하고, 이를 제지하는 승무원들에게 약 30분 동안 폭행과 협박을 하는 등의 난동을 부렸다.

이에 승무원들이 남성 승객들과 합세해 수갑으로 피의자를 제압한 후 김포공항 경찰대에 인계했다.

2015년 12월 24일 재판 대기 중이며 상당한 금액의 벌금/징역형이 예상

사례 15

2016년 12월20일 베트남 호치민 공항에서 인천공항으로 오는 국내항공사 B737-800 비행기에서 국내 굴지의 화장품,뷰티업종 생산회사인 두 * 물산의 대표이사 아들, 임 * *(남,34세)가 술에취해 폭력을 휘두르고 승객얼굴에 침을 뱉는등....기내난동을 피워 미국의 유명한 가수인 리처드막스(Richard Max,1963년생) 및 기내 정비사에게 제압당한 사건이 발생 하였다.

항공보안법 제23조 1항 위반 구속영장 청구 되었고 징역형이 부과될 예정임. 또한 해당 항공사의 블랙리스트에 올라 영원히 탑승금지 승객이 되었다. 난동을 제압한 기내정비사에게는 공로표창이 수여 되었다.

기내 비상신호(Emergency sign)와 긴급신호(Urgent sign)의 차이

- 비상신호--항공기 순항중 객실내 테러,기내난동,응급환자 발생 시 운항승무원을 포함한 전 객실승무원에게 비상사태를 알리기 위한 신호.
- 긴급신호--항공기 고도가 10,000ft 이하 비행 시 객실승무원이 항공기의 이상이나 객실안전에 문제가 있을 때 운항승무원에게 긴급히 알리기 위한 신호.

▶ B737 긴급신호와 비상신호

B737 비상신호	B737 긴급신호
인터폰 키보드에서 2번 버튼을 3회 누른다	인터폰 키보드에서 2번 버튼을 2회 누른다

2번 버튼을 2회 누른다.

B737 긴급신호

B737 비상신호

2번 버튼을 3회 누른다.

▶ A330 긴급신호와 비상신호

A330 비상신호	A330 긴급신호
인터폰 키보드에서 "PRIO CAPT"버튼을 누른다.	인터폰 키보드에서 CAPT,RESET,CAPT 버튼을 누른다
모든 승무원은 비상신호를 듣는 즉시 인터폰을 들고 자신의 위치와 지시를 전달받아야 한다.	

A330 긴급신호

A330 비상신호

▶ B777 긴급신호와 비상신호

B777 비상신호	B777 긴급신호
5,5 (인터폰 기패드에서 5를 2회 누른다)	*.*(인터폰 키패드에서 *를 2회 누른다)

B777 기종의 긴급신호

B777 기종의 비상신호

▶ B747 긴급신호와 비상신호

B747-400 비상신호	B747-400 긴급신호
인터폰 키패드에서 "5"버튼을 2회 누른다.	인터폰 키패드에서 "P"버튼을 2회 누른다

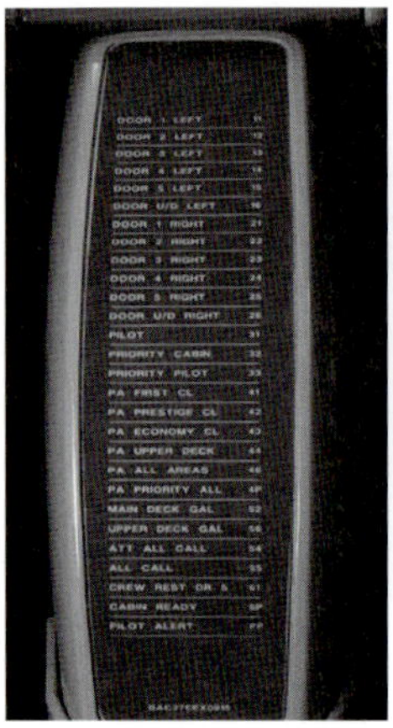

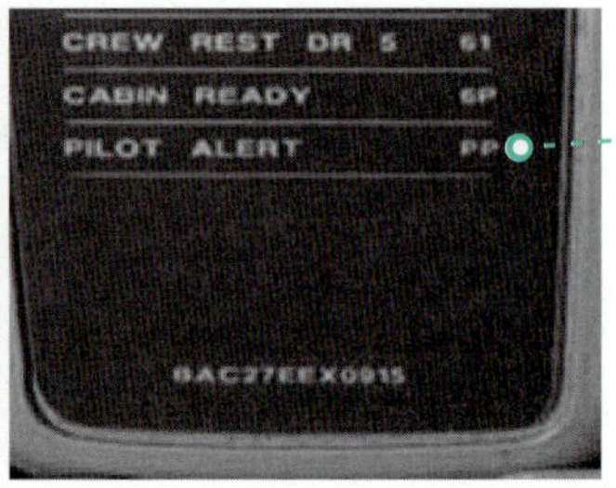

▶ B747 8i 긴급신호와 비상신호

B747 8i 비상신호	B747 8i 긴급신호
인터폰 키패드에서 "5"버튼을 2회 누른다.	인터폰 키패드에서 "*"버튼을 2회 누른다

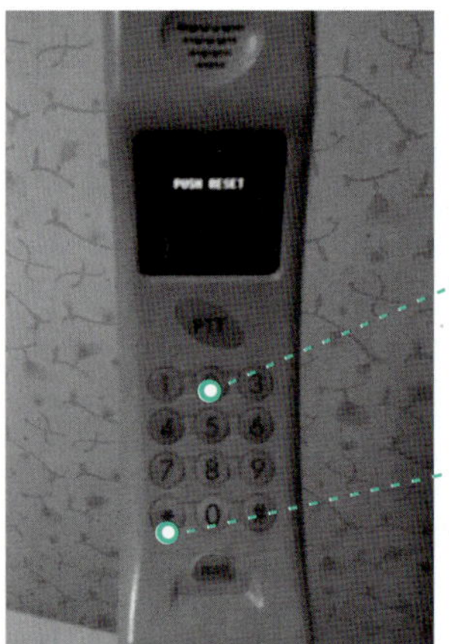

747-8i 항공기 비상신호와 긴급신호

▶A380 긴급신호와 비상신호

A380 비상신호	A380 긴급신호
인터폰 키보드에서 "EMER" 버튼을 1초이상 누른다. 또는 "EMER"을 누른후 "SEND"를 누른다.	인터폰 키보드에서 "EMER" 버튼을 1초이상 누른다. 또는 "EMER"을 누른후 "SEND"를 누른다.

A380 기종의 비상신호 및 긴급신호–동일함

Chapter

05

착륙 후 **안전, 보안** 점검관리

1. 이동승객 제지 및 착석상태 유지

2. 항공기 정지 후 승무원 업무

3. 승객 유실물(Left Behind Item) 점검과 처리절차

4. 기내설비 이상 유무(Squawk) 점검

Chapter 05

착륙 후 **안전, 보안** 점검관리

수행 준거

- 객실 안전 규정에 따라 이동승객을 제지하고, 착석상태 유지를 안내할 수 있다.
- 객실 안전 규정에 따라 승객의 유실물을 점검하고, 조치할 수 있다.
- 객실 안전 규정에 따라 기내설비 이상 유무를 점검하고, 보고할 수 있다.

인용출처 : NCS 홈페이지-항공객실서비스

01 이동승객 제지 및 착석상태 유지

항공기 착륙 후 모든 승객은 항공기가 게이트(Gate)에 접안하여 완전히 정지시까지 좌석에 착석한 상태로 있어야 한다. 따라서 객실승무원은 미리 하기하기 위해 서두르거나 일어서는 승객이 있으면 위험하므로 일어나지 않도록 하고 일어서는 승객은 철저히 규제하여 착석상태를 유지하도록 해야 한다.

도착 후 착석상태 유지 안내방송

손님 여러분
이곳 00공항의 활주로와 주기장 사이의 거리가 멀어 터미널까지 도착이 지연되고 있습니다. 좌석벨트 표시등이 꺼질 때까지 자리에 앉아 기다려 주시기 바랍니다.

Ladies and gentlemen/
Due to the long distance between the terminal/ and runway at 00 international airport,/ it will take a few more minutes./ Please/ remain seated/ until the captain has turned off the seatbelt signs./
Thank you for your understanding./

02 항공기 정지 후 승무원 업무

1. 세이프티 체크(safety check) 및 도어 오픈

- 항공기가 Parking Area에 완전히 정지한 후 객실사무장/캐빈매니저의 세이프티 체크 방송에 맞추어 전 승무원은 슬라이드 모드(slide mode)를 정상위치로 변경하고 상호 확인한 후에 객실사무장/캐빈매니저에게 보고한다.
- 세이프티 체크(Safety Check) 후, 기내 조명 시스템이 설치된 스테이션의 담당승무원은 기내조명을 최대 밝은 조명(full bright)으로 조절한다.
- 모든 객실승무원은 승객 하기를 위해 도어를 열기 전 슬라이드 모드의 정상위치 여부, 장애물 유무를 확인한다. 객실사무장/캐빈매니저는 좌석벨트 표시등(Fasten seatbelt sign)이 꺼졌는지 확인한 후에 항공기 외부 지상 직원에게 도어 오픈을 허가하는 수신호를 하여 지상 직원이 출입문을 열도록 한다.(단 B737 기종은 외부 직원의 수신호를 접한 후 내부에서 도어를 연다)

A330 항공기 정상위치

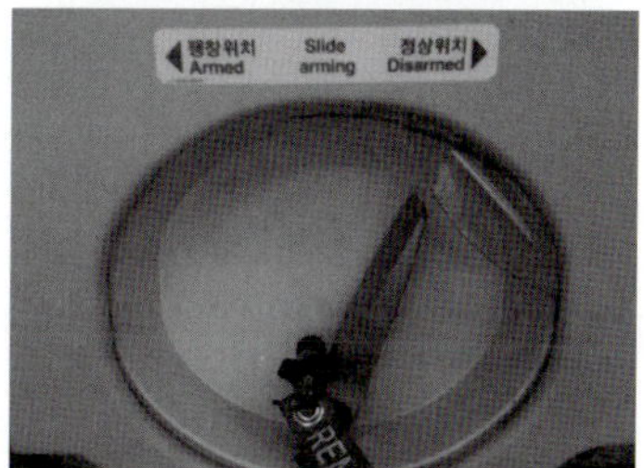

A380 항공기 정상위치

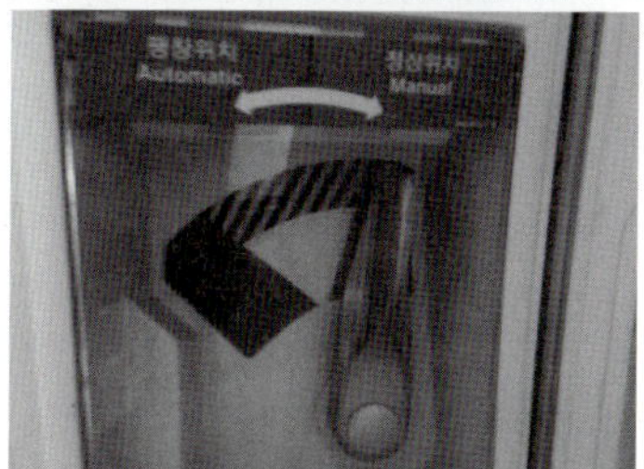
B777 항공기 정상위치

외부에서 도어 열어도 좋음.

항공기 내부에서 보내는 도어 오픈 정상신호

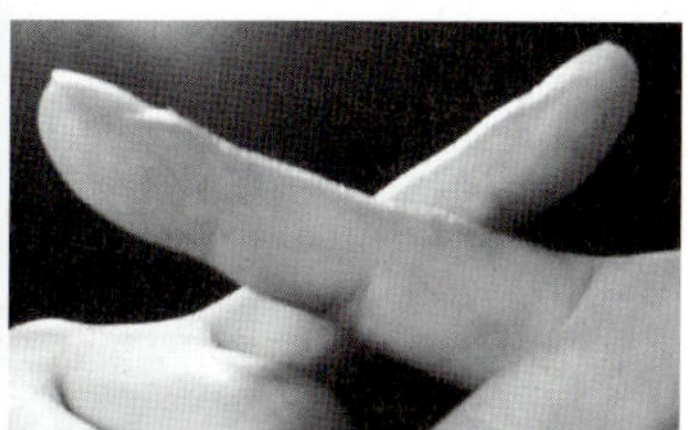
항공기 내부에서 보내는 도어 오픈 비정상 신호

외부에서 도어 열지 마시오.

항공기 도어가 열린 모습

- 출입문을 연 후에 객실사무장/캐빈매니저는 운송 담당 직원에게 운송 관련 서류(ship pouch)를 인계하고, 특별 승객, 운송 제한 승객 등 승객 하기 업무 수행에 관한 필요사항을 구두나 문서로 전달한다.

항공기 Ship Pouch

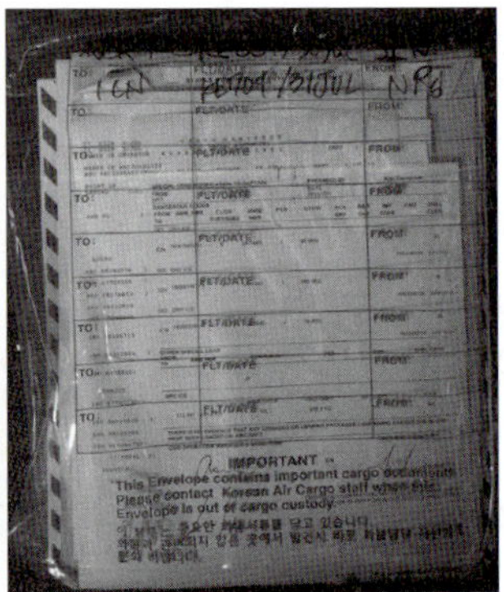
항공기 화물서류

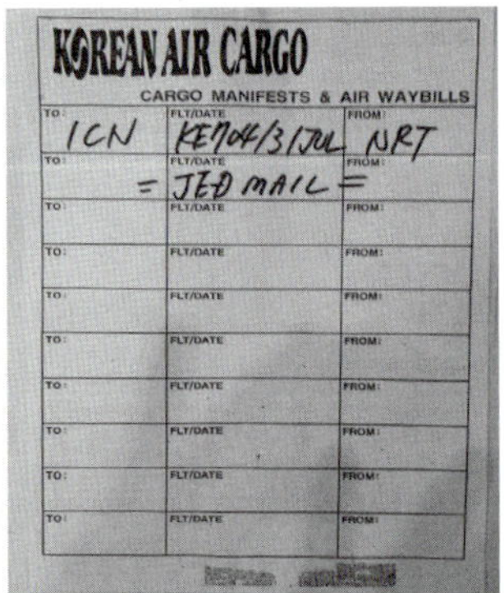

항공기 서류봉투

- CIQ(세관/출입국/검역소) 관계 직원에게 입항 서류를 제출하고, 공항 특성상 검역 또는 세관의 하기 허가가 필요한지 확인한다.
- 승객 하기는 현지공항 당국의 하기 허가를 얻은 후 실시되어야 하며, 모든 절차가 끝난 후에 객실사무장/캐빈매니저는 승객 하기 방송을 실시한다.

> CIQ
> Customs(세관)
> Immigration(출입국관리)
> Quarantine(검역)

2. 승객 하기

- 승객 하기 때 승무원은 해당 클래스별, 각자의 담당구역별로 승무원 좌석 주변에서 승객에게 하기 인사를 하고 승객 하기가 순조롭게 진행되도록 협조한다.

- 비동반소아(UM), 장애인 승객, 유아 동반 승객, 노약자 승객, 짐이 많은 승객 및 제한 승객 등 승무원의 도움을 필요로 하는 승객에게 휴대수하물 정리를 도와주고 하기에 협조한다.
- 그외 무사증 통과자(TWOV) 및 강제 추방자(deportee)의 인수인계 및 환승승객의 재확인도 함께 실시한다.
- 일반적인 승객 하기 순서는 응급환자 ➡ VIP, CIP ➡ 일등석 승객 ➡ 비즈니스 승객 ➡ 비동반소아(UM) ➡ 일반석 승객 ➡ 장애인 승객(Wheelchair) ➡ 스트레처 환자승객(Stretcher) 순으로 하기한다.

03 승객 유실물(Left Behind Item) 점검과 처리절차

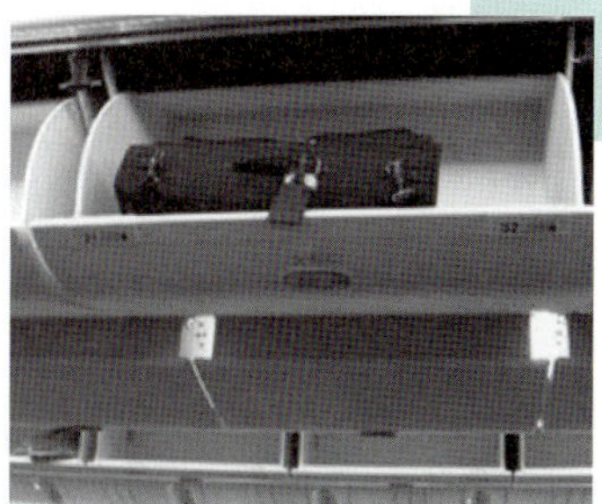
승객이 오버헤드빈에 두고 내린 가방

객실승무원은 승객 하기 완료 후 유실물 점검을 최우선적으로 실시하고 특히 상위클래스는 지상조업 개시 전 유실물 점검을 하여 발견되는 유실물은 승객에게 즉시 전달될 수 있도록 하며 유실물 점검 시 좌석 주변 및 Seat Pocket을 먼저 실시하고 이후 다음의 순서에 따라서 순차적으로 점검해야 한다.

1. 오버헤드빈(Overhead Bin)
2. 코트룸(Coat Room)
3. 화장실(Lavatory–잔류 승객 유무도 함께 체크한다)

승객 유실물 발견시 객실사무장/캐빈매니저에게 유실물의 발견장소, 시각, 내용을 보고해야 하고 하기 중인 승객에게 기내방송을 통해 공지한다.

소유주가 나타난 경우 해당 유실물의 소유주 확인을 하여 돌려주고 소유주가 나타나지 않을 경우 습득물 인수인계서 작성 후 원본 1부는 유실물과 함께 도착지 지상 직원에게 인계하고 사본 1부는 사무장 인수인계 서류(Purser's Flight Report)와 함께 제출한다.

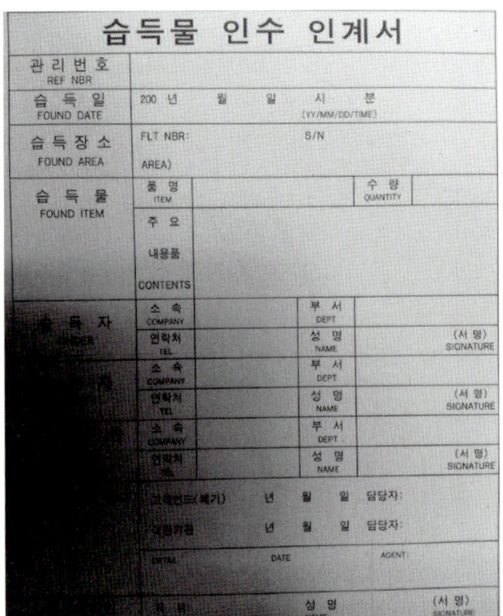

습득물 인수 인계서

관리번호 REF NBR				
습득일 FOUND DATE	200 년 월 일 시 분 (YY/MM/DD/TIME)			
습득장소 FOUND AREA	FLT NBR: S/N AREA)			
습득물 FOUND ITEM	품명 ITEM		수량 QUANTITY	
	주요 내용품 CONTENTS			
습득자	소속 COMPANY		부서 DEPT	
	연락처 TEL		성명 NAME	(서명) SIGNATURE
	소속 COMPANY		부서 DEPT	
	연락처 TEL		성명 NAME	(서명) SIGNATURE
	소속 COMPANY		부서 DEPT	
	연락처 TEL		성명 NAME	(서명) SIGNATURE
	년 월 일 담당자:			
	년 월 일 담당자:			
	DETAIL DATE AGENT:			
	직위 POSITION		성명 NAME	(서명) SIGNATURE

기내 습득물 인수인계서

04 기내설비 이상 유무(Squawk) 점검

승객 하기 후 객실승무원은 별도 보고가 필요한 사항, 모든 기내설비 문제점, 기내 낙수현상, 기내 온도 이상을 취합하여 객실사무장/캐빈매니저에게 최종 보고한다. 기내설비 문제점이란 Airshow, 객실 내 통신장치, 조명, 좌석, 헤드빈, 갤리시설, 기내 코트룸, 오디오/비디오시설, 화장실 및 객실에 장착되어 있는 모든 시설을 말하며 객실사무장/캐빈매니저는 객실 정비기록부 CDL(Cabin Discrepancy List)에 상기사항을 적어 다음 비행에 이상이 없도록 정비사에게 인계하여야 한다.

정비기록부 CDL

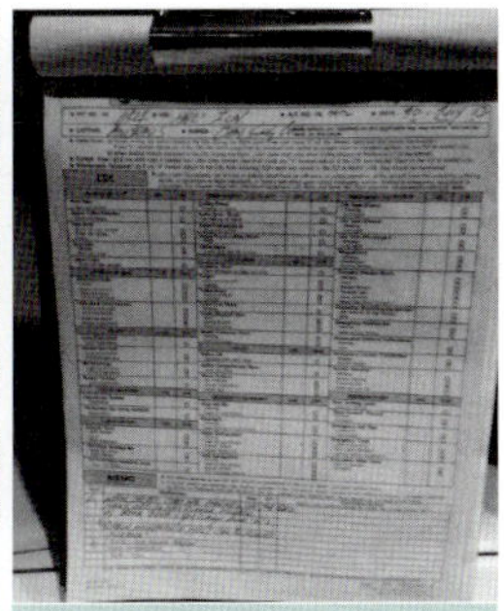

내용기록 페이지

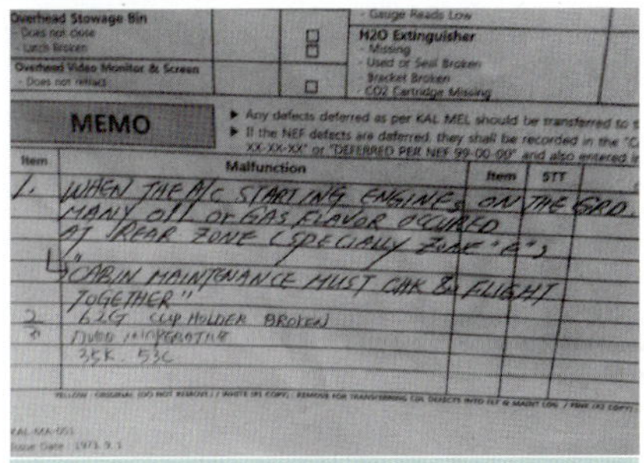

실제 저자가 기록한 정비일지

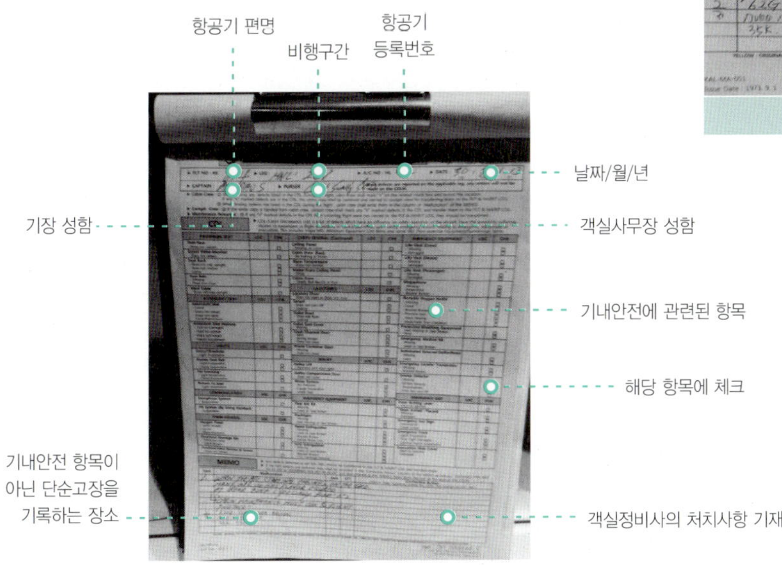

객실정비기록부는 총 3부로 되어 있으며 제일 위쪽 부분의 장이 노란색, 두 번째 장이 하얀색, 세 번째 장이 분홍색으로 되어 있으며 기재사항 기록 후 두 번째 페이지를 절취하여 운항승무원에게 전달하고 운항승무원은 운항일지에 기록 후 폐기한다. 노란색/ 분홍색 페이지는 정비본부에서 관리한다.

1. 객실정비기록부 CDL(Cabin Discrepancy List) 기재방법

- 모든 기록사항은 국내/국외 현지 정비사가 이해할 수 있도록 영어로 기재한다.(영어 기록사항은 아래부분의 전문용어를 사용하여 기록하는 것을 권장한다)
- CDL 위 부분은 객실안전(Cabin Safety)에 관한 사항을 기재하고 아래쪽 Memo란은 안전에 관한 사항 이외의 모든 설비이상을 기록하며 객실승무원이 기록할 경우 1, 2, 3…의 순서로 기록하고 객실정비사가 기록할 경우에는 A, B, C…의 순서로 기록해야 한다.
- 객실승무원이 기록한 객실안전사항(Cabin Safety) 외 모든 정비사항에 대하여,(Memo란 왼쪽에 기재) 객실정비사는 설비의 수리사항 및 완료 상태에 대해 기록 하여야 한다.(Memo란 오른쪽에 기재)

2. CDL에 기내설비 결함 기록시 사용하는 용어

구분	결함 내용	작성 방법
Air conditioning	찬 공기가 나옴	cold air draft
	소음이 발생함	makes noise
	세게 나옴	high air flow
	약하게 나옴	low air flow
	작동 불능	inoperative
	기름 냄새가 남	smell of oil
Air chiller	시원하지 않음	not chill enough
	작동 불능	inoperative
Armrest	손상됨	damaged
	더러움	dirty
	움직이지 않음	not move
	잘 움직이지 않음	not move easily
	목표위치까지 움직이지 않음	not move fully to target position
	느슨함	loose
Armrest tray table	경사짐	tilted
	더러움	dirty
	움직이지 않음	not move
	잘 움직이지 않음	not move easily
	목표위치까지 펼쳐지지 않음	not move fully to target position

구 분	결함 내용	작성 방법
Armrest tray table	느슨함	loose
	손상됨	damaged
	거슬리는 소리가 남	makes noise
Attendant call button	작동 불능	inoperative
Attendant call indicator	켜지지 않음	not illuminate
	꺼지지 않음	stays illuminated
	손상됨	damaged
	소리가 들리지 않음	audio inoperative
	상태 불량(결함사항 기술)	bad quality
	작동 불능	inoperative
	볼륨 조절이 안 됨	volume control malfunction
	채널 선택이 되지 않음	channel selection malfunction
Baby bassinet	손상됨	damaged
	느슨함	loose
	더러움	dirty
Baby bassinet attachment	느슨함	loose
	손상됨	damaged
Baby nursing table	손상됨	damaged
	잘 움직이지 않음	not move easily
	목표위치까지 펼쳐지지 않음	not move fully to target position
	느슨함	loose
	소음이 발생함	makes noise
Backrest	손상됨	damaged
	더러움	dirty
	움직이지 않음	not move
	잘 움직이지 않음	not move easily
	목표위치까지 움직이지 않음	not move fully to target position
	느슨함	loose
Boarding music	볼륨이 너무 낮음	volume too low
	볼륨이 너무 높음	volume too high
	소음이 발생함	makes noise
	작동 불능	inoperative
	넘침	overflow
Coffee maker indicator	light가 켜지지 않음	not illuminate
Door(Lavatory, Crew rest area, coat room)	손상됨	damaged
	문이 열리고 닫히지 않음	not open/close easily
	소음이 발생함	makes noise

구 분	결함 내용	작성 방법
Footrest	더러움	dirty
	움직이지 않음	not move
Footrest	잘 움직이지 않음	not move easily
	목표위치까지 움직이지 않음	not move fully to target position
	느슨함	loose
	소음이 발생함	makes noise
Galley drain	막힘	clogged
Galley water faucet	새어 나옴	leaks
	작동 불능	inoperative
	물이 지속적으로 나옴	supplies water continuously
Humidification	아주 건조함	too dry
	아주 습함	too wet
In arm monitor	손상됨	damaged
	더러움	dirty
	움직이지 않음	not move
	잘 움직이지 않음	not move easily
	목표위치까지 세워지지 않음	not move fully to target position
	느슨함	loose
	소음이 발생함	makes noise
Individual video monitor	화면상태 불량	screen malfunction
In seat audio	작동 불능	inoperative
	소리 조절이 안 됨	volume control malfuntion
	채널 오작동	channel selection malfunction
Light(Ceiling, threshold, galley, wall, lavatory)	꺼지지 않음	stays illuminated
	손상됨	damaged
	켜지지 않음	not illuminate
	깜빡거림	flickering
	저절로 꺼짐	goes off automatically
	저절로 켜짐	illuminates automatically
Microwave	냄새가 남	bad smell
	손상됨	damaged
	더러움	dirty
	문의 여닫음이 되지 않음	door inoperative
	작동 불능	inoperative
	소음이 발생함	makes noise

구분	결함 내용	작성 방법
Monitor	상태 불량	bad quality
	작동 불능	inoperative
	화면이 흐림	out of focus
Outlet/Socket	손상됨	damaged
	더러움	dirty
	작동 불능	inoperative
	느슨함	loose
Oven	냄새가 남	bad smell
	손상됨	damaged
	더러움	dirty
	문의 여닫음이 되지 않음	door inoperative
PA	소리가 너무 큼	volume too high
	소리가 너무 작음	volume too low
	작동 불능	inoperative
	소음 발생	makes unwanted noise
PRAM	소리가 너무 큼	volume too high
	소리가 너무 작음	volume too low
	소음이 발생함	makes noise
	작동 불능	inoperative
Projector	상태 불량	bad quality
	작동 불능	inoperative
	화면이 흐름	out of focus
Reading light	각도 조절이 필요함	adjustment necessary
	꺼지지 않음	stays illuminated
	켜지지 않음	not illuminate
	깜빡거림	flickering
	옆 좌석이 꺼짐	goes off at incorrect seat
	옆 좌석이 켜짐	illuminates at incorrect seat
	저절로 꺼짐	goes off automatically
	저절로 켜짐	illuminates automatically
	더러움	dirty
Refrigerator	시원하지 않음	not chill enough
	작동 불능	inoperative
Seat	손상됨	damaged
	더러움	dirty
	젖음	wet

구 분	결함 내용	작성 방법
Seatbelt	손상됨	damaged
	더러움	dirty
	작동 불능	inoperative
Toilet bowl	흡입이 잘되지 않음	suction operates not sufficent
Toilet bowl	넘침	overflow
	물이 나오지 않음	water not flow
	물이 계속해서 흘러나옴	water flows continuously
Tray table	기울어짐	tilted
	더러움	dirty
	쉽게 움직이지 않음	not move easily
	움직이지 않음	not move
	목표위치까지 펼쳐지지 않음	not move fully to target position
	느슨함	loose
Tray table	소음이 발생함	makes noise
	손상됨	damaged
Trash compactor	문의 여닫음이 되지 않음	door inoperative
	작동 불능	inoperative
	정상적으로 작동하지 않음	malfunction
	새어나옴(물, 기름)	leaks
Water boiler	물이 뜨겁지 않음	not hot enough
VCR	작동 불능	inoperative
	테이프를 뺄 수 없음	tape not ejected
	손상됨	damaged
Lavatory faucet	더운 물이 나오지 않음	not supply warm water
	작동 불능	inoperative
	새어 나옴	leaks
	물이 계속해서 흘러나옴	supplies water continuously
	너무 뜨거운 물이 나옴	supplies too hot water

Chapter 06

항공기로부터의 **비상탈출** 절차

1. 비상착륙(Emergency Landing)과 비상착수(Emergency ditching)
2. 30 Seconds Review(비상탈출 절차를 상상해 보는 것)
3. 비상탈출 전 승객브리핑
4. 충격방지자세(Brace for Impact)
5. 비상탈출구(Emergency Door) 작동 및 탈출
6. 항공기로부터의 탈출
7. 비상착수(Emergency Ditching)
8. 비상탈출 후 생존지침

Chapter 06

항공기로부터의 **비상탈출** 절차

수행 준거

- 객실 안전 규정에 따라 비상시 탈출 요령에 대한 절차를 이미지 트레이닝(Image Training)을 할 수 있다.

(인용출처: NCS 홈페이지-항공객실서비스)

01 비상착륙(Emergency Landing)과 비상착수(Emergency ditching)

항공기가 운항 중 또는 이/착륙중 뜻하지 않은 비정상상황과 조우하게 되어 긴급히 육지에 착륙하는 것을 비상착륙(Emergency Landing)이라 하고 육지에 착륙할 수 없는 상황에서 바다나 강, 대형호수에 착륙하는 것을 비상착수(Emergency ditching) 라고 칭한다.

항공기 비상사태 중 비상착륙(수)에는 준비된 비상착륙(수)과 준비되지 않은 비상착륙(수)의 두 가지 종류가 있다.

준비된 비상착륙(수)은 조종실,객실승무원, 탑승한

승객이 비상착륙(수)에 대한 준비를 실시할 시간이 있는 경우로 준비시간이 충분한 경우를 말한다.

비상착륙(수) 전 시간이 있다는 것은 승무원으로 하여금 비상사태에 대비하여 객실을 준비하고 승객에게 비상사태에 대한 안내 방송으로 탈출을 위한 안전브리핑을 할 수 있다는 것을 의미하며 준비되지 않은 비상착륙(수)인 경우 승무원에게 비상사태에 대비할 시간이 전혀 주어지지 않는 즉 조종실 조차도 인지할 수 없는 비상사태의 경우를 말한다. 이러한 형태의 비상사태는 주로 이착륙 시 제일 많이 발생하고 사전예고가 전혀 없는 경우가 일반적 이다. 이러한 두 종류의 비상사태 발생 시 승무원과 승객을 위해 다음과 같은 기본원칙에 의거해 비상사태 대응절차를 수립할 수 있으며 기본적인 비상사태 처리절차는 비상착륙 시, 비상착수 시 동일하다. 그러나 비상착수인 경우 안정성이 취약한 수면 위에서 탈출한 승객과 승무원의 생존에 대한 문제가 추가로 발생한다. 따라서 비상착륙(수)시에는 아래와 같은 3대 전제를 먼저 구상하고 비상상황 방송 및 탈출절차에 임하여야 한다.

비상탈출시 고려사항

- 충격으로부터 생존(Survive from the Impact)
- 항공기로부터 탈출(Escape from the Aircraft)
- 환경으로부터 생존(Survive from the Elements)

❶ 객실 준비 – 준비된 비상탈출

☑ 잔여시간에 따른 준비항목

충분한 시간이 있을 경우

- 승무원 간 의사소통 및 협의
- 승객브리핑
- 협조자 선정 및 브리핑
- 객실/Galley 점검
- 최종 점검

부족한 시간일 경우

매우 부족한 경우

- 승무원 간 의사소통 및 협의
- 객실/Galley 점검
  - 좌석 등받이, 좌석벨트, Tray-table 원위치
- 승객브리핑
  - 구명복/비상탈출구/충격방지자세
- 최종 점검

❷ 의사소통 및 협의 – 객실 준비

☑ 기장과 객실사무장/캐빈매니저

- 기장은 비상사태의 유형(착륙/착수), 잔여시간, 비상신호등을 객실사무장/캐빈매니저에게 브리핑한다.

☑ 객실사무장과 승무원

- 기장과 브리핑한 정보를 객실승무원에게 전달
- 비상사태 Checklist 준수 지시
- 비상사태 유형 및 준비 가능시간을 고려하여 객실준비 절차 수립
- 신속한 탈출준비를 위한 승무원 간 상호 협의
- Duty 재확인
- 필요시, 비상착륙(착수) 안내방송 실시
- 객실조명은 Full Bright, Entertainment System Off

❸ 승객브리핑 – 객실 준비

- 객실사무장(캐빈매니저)이 단계별 기내 방송 실시
- Catering Item 보관
- 좌석 등받이, Tray table 개인용 Monitor, Footrest 원위치
- 탈출차림 준비
- 모든 신발을 벗음(착수시)
- 휴대품 보관상태 확인
- 충격방지자세 시범 및 연습
- 탈출구 위치 안내
- Safety Information Card 안내

④ 협조자 선정 및 객실 점검-객실 준비

- 탈출구별로 3명의 협조자 선정
- 이동 불가 승객을 위한 협조자 선정
- 객실 점검 및 고정
- Galley 내 고정
- 최종 점검

협조자 모집 방송문

손님 여러분
여러분 중에 항공사 직원, 경찰, 소방관 또는 군인이 계시면 승무원에게 알려 주시기 바랍니다. 여러분의 도움이 필요합니다.
Ladies and gentlemen/
If there are any airline employees,/ law enforcement,/ fire rescue or military personnel on board,/ please identify yourself to the Cabin Crew./
We need your assistance

02 30 Seconds Review(비상탈출 절차를 상상해 보는 것)

이, 착륙 안전 점검이 끝난 전 승무원은 각자 기종별, 담당구역별로 지정된 승무원 전용좌석(Jump Seat)에 착석하여야 하며 항공기 급정거나 충돌에 의한 부상을 방지하기 위해 반드시 승무원용 좌석벨트와 어깨안전띠(Shoulder Harness)를 착용해야 한다. 이, 착륙시 승무원의 착석자세는

① 좌석벨트를 허리 아래쪽으로 고정하고
② 몸을 세워 승무원 좌석에 단단히 기대어 앉아야 하며
③ 발바닥을 바닥에 붙힌 뒤
④ 양손의 손바닥을 위로 향하게 하여 다리 밑에 깔고 앉아야 한다.

그리고 이착륙 동안 항공기 사고 발생시 자신의 역할에 대한 연상을 해보는 것을 30초 리뷰(30 Seconds Review)라고 하며 30 Seconds Review시에는 아래 8가지 항목을 중심으로 생각해 보아야 한다.

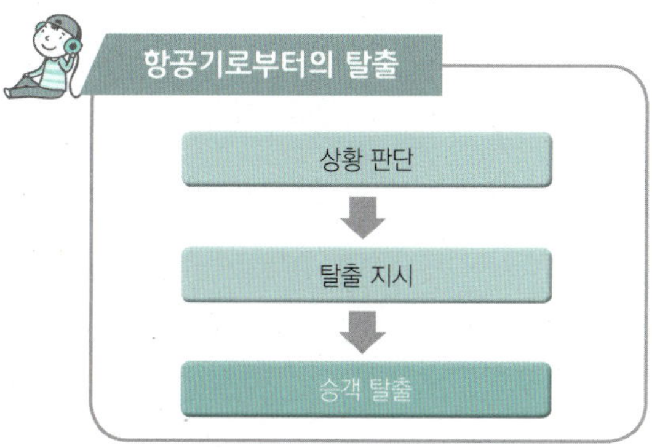

- 비상장비의 위치와 작동법
- 비상구 위치와 작동법
- 비상탈출 순서

- 비상탈출시 도움을 줄 수 있는 승객
- 충격방지자세의 명령
- 승객의 통제
- 판단 및 조정
- 탈출 지휘 및 대피

☑ 30 Seconds Review시 비상시 탈출구 개방 순서를 숙지한다.

탈출구 작동 순서

- Door Mode 확인
- 외부 상황 판단
- Door Open
- Manual Inflation 당김
- 승객 통제
- 팽창 확인

☑ 30 Seconds Review시 탈출을 위한 명령어를 숙지한다.

탈출 명령어			
탈출구 정상		탈출구 불량	
탈출구 정상	Good Exit	탈출구 불량! 화재 발생!	Bad Exit! Fire!
짐 버려	Leave Everything	건너편으로!	Cross Over!
이쪽으로	Come This Way	저쪽으로!	Go that Way!

☑ 30 Seconds Review시 탈출구 상황 판단에 대해 숙지한다.

상황	가능한 탈출구	상황	가능한 탈출구
	모든 탈출구		화재 발생 반대쪽 탈출구
	앞쪽의 낮은 탈출구/Overwing Window Exit		뒤쪽의 낮은 탈출구/Overwing Window Exit
	수면 위의 탈출구		

03 비상탈출 전 승객브리핑

비상탈출 전 기내 승객브리핑은 승무원 정복을 착용(비상착륙), 구명복을 착용하고(비상착수) 승객에게 비상탈출구 위치를 확인시키며 충격방지자세 내용에 대해 설명해야 하고, ① 준비시간이 충분한 경우, ② 준비시간이 부족한 경우로 나누어 설명한다.

❶ 준비시간이 충분한 경우

- 좌석 등받이 Tray table, 개인 모니터, Footrest를 원위치시킨다.
- 탈출차림을 점검한다.
- 신발을 벗는다.(비상착수)
- 휴대수하물을 정리하여 보관한다.
- 구명복을 착용한다.(비상착수)
- 좌석벨트를 착용한다.
- 승객에게 충격방지자세를 설명한다.
- 승객에게 비상탈출구 위치를 확인시킨다.
- Safety Information Card 내용을 숙지시킨다.
- 금연을 유지시킨다.

❷ 준비시간이 부족한 경우

- 구명복을 착용한다.(비상착수)
- 승객에게 비상탈출구 위치를 확인시킨다.

승객브리핑 중인 승무원

- 승객에게 충격방지자세를 설명한다.
- 비상탈출시 도움이 필요한 승객들(UM, 장애인, 노인승객 등)에게 승객브리핑 내용을 개별적으로 브리핑하여야 한다.

04 충격방지자세(Brace for Impact)

1. 준비된 비상착륙시

- 기장이 Fasten Seatbelt Sign을 4회 점멸시키고 'Brace for Impact'라는 방송을 실시하면 즉각 충격방지자세를 취한다.
- 기장의 방송 시점은 착륙 1분 전(1000ft)에 지시한다.
- 전 객실승무원은 승객들이 충격방지자세를 취하도록 샤우팅(Shouting : 명령어를 크게 외치는 행위)을 3회 실시한다.

Shouting : "비상착륙(수) 전, 비상탈출시 해당되는 명령어를 크게 반복하여 외치는 객실승무원의 행위

Shouting 내용
"충격방지자세 Brace!", "충격방지자세 Brace!", "충격방지자세 Brace!"

- 모든 객실승무원은 항공기가 완전히 정지할 때까지 충격방지자세를 유지해야 한다.

2. 준비되지 않은 비상착륙시

Shouting 내용
"머리 숙여, 자세 낮춰!
Head Down, Stay Low!"
"머리 숙여, 자세 낮춰!
Head Down, Stay Low!"

- 객실승무원이 비상착륙을 준비하거나 예비할 시간이 전혀 없는 경우이므로 첫 번째 충격을 받는 즉시 모든 승무원은 완벽한 충격방지자세를 취하여야 한다.
- 항공기가 완전히 정지할 때까지 샤우팅(Shouting)을 반복하며 충격방지자세를 유지한다.

충격방지자세

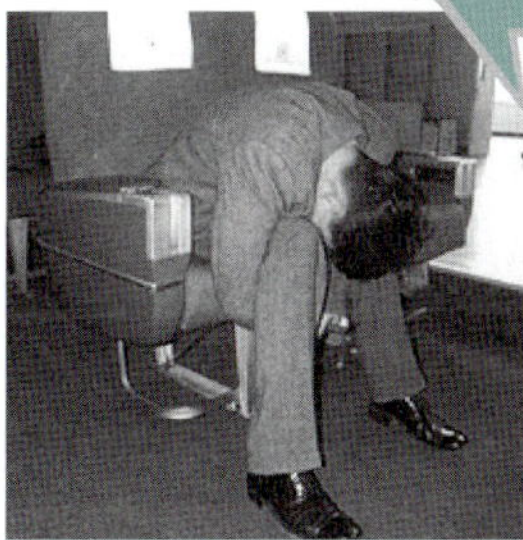
Bulkhead

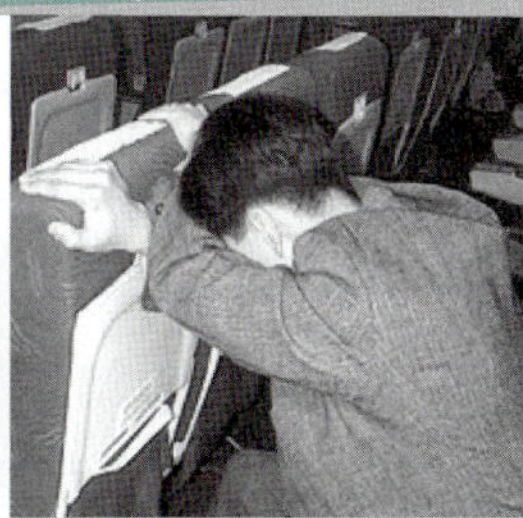
Non-Bulkhead

어린이/아기를 안는 경우

어린이/아기가 좌석에 앉은 경우

객실승무원의 충격방지자세

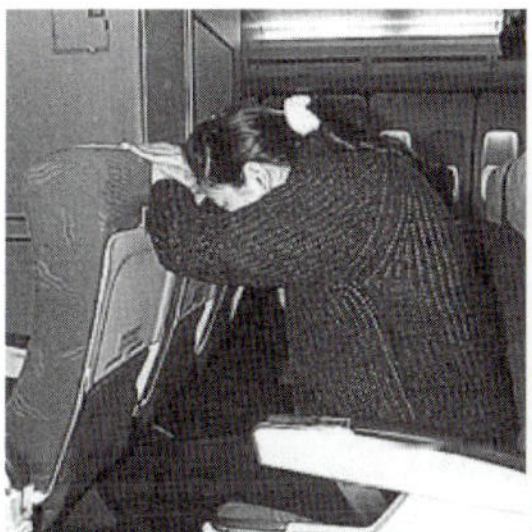
임산부의 충격방지자세

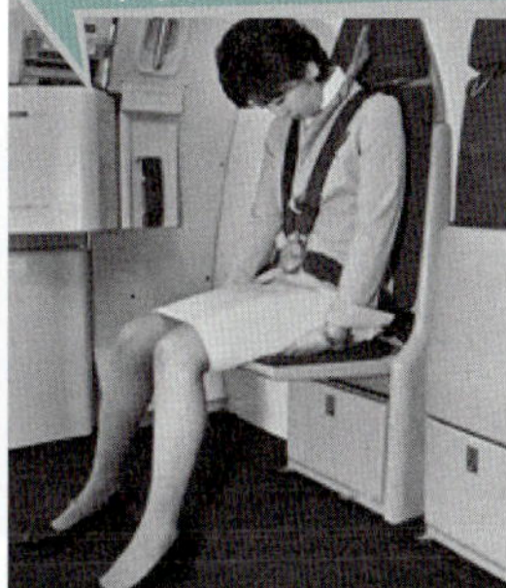
전향 Jump seat

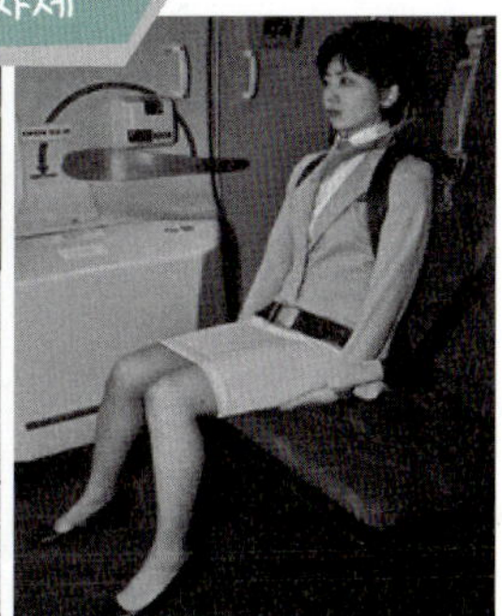
후향 Jump seat

객실승무원	충격방지 자세
전향 Jump seat (항공기 전방을 보고 앉은 승무원)	• 발을 어깨 넓이로 벌려 약간 앞으로 내밀어 바닥을 디딘다. • 손바닥을 위로 하여 깔고 앉는다. • 머리를 앞으로 숙여 턱을 아래로 당긴다.
후향 Jump seat (항공기 후방을 보고 앉은 승무원)	• 발을 어깨 넓이로 벌려 약간 앞으로 내밀어 바닥을 디딘다. • 손바닥을 위로 하여 깔고 앉는다. • 머리를 좌석 등받이에 힘껏 기댄다.

충격방지자세(Bracing for Impact)

준비되지 않은 비상착륙시
- 충격 즉시 완전한 충격방지자세 취함
- 항공기 정지시까지 Shouting 반복
- 항공기 완전 정지시까지 충격방지자세 유지

- 준비할 여유가 없는 급작스러운 상황이기 때문에 첫 번째 충격을 받는 즉시 객실승무원은 완전한 충격방지자세를 취한다.

- 항공기가 완전히 정지할 때까지 Shouting을 반복해서 외치며 충격방지 자세(Brace)를 유지한다.
- 객실승무원은 준비되지 않은 비상사태시 비상탈출을 결정하기 위해 비상신호를 이용하여 연락하거나 조종실 문을 두드림으로써 운항승무원과 객실의 손상 및 화재상황에 대해 연락을 시도한다.
- 기장의 탈출지시 방송 또는 탈출 신호음이 울리면 조종실과 연락시도하던 것을 중지하고 즉시 Emergency Light를 켜고 항공기를 탈출한다.
- 객실승무원은 비정상적인 상황 아래에서 운항승무원에게 먼저 연락해보고 조종실로부터 응답이 없다면 아래와 같은 경우에 한하여 항공기가 정지되었을 때 비상탈출을 스스로 결정할 수 있다.
  - 항공기가 심각한 구조적 손상을 입었을 때
  - 위험한 화재의 발생이나 유독가스가 발생하여 승무원과 승객의 생명이 위험할 때
  - 승객들이 상당히 위험한 상태에 직면해 있는 경우
- 승객에 의한 비상탈출은 항공기 비상착륙(수) 후 승객들이 위험한 상황을 인지하여 스스로 비상구를 열고 탈출을 시도하는 것을 의미한다. 이러한 경우 객실승무원은 아래의 사항을 참조하여 정확한 상황인식, 기장 및 다른 객실승무원과의 소통을 통해 즉각적이고 적절한 조치를 취하는 것이 요구된다.
- 비상탈출이 예상되지 않은 경우 승무원의 지시에 의하지 않은 승객 탈출을 예방하기 위한 조치
  - 객실을 통제하고 승객들을 진정시킨다.

    명령어 : 진정하세요! 자리에 앉으세요! Everything is under Control! Stay seated!
- 비상탈출이 예상되는 경우 승무원이 탈출을 지시하기 전 승객 자력으로 탈출을 시도하는 경우 객실을 통제한다.
  - 육성 또는 객실방송을 통해 기다리라는 방송을 한다.

    명령어 : 기다리세요! Wait!

비상착륙하여 탈출한 항공기 모습

05 비상탈출구(Emergency Door) 작동 및 탈출

B777 항공기 팽창위치

A330 항공기 팽창위치

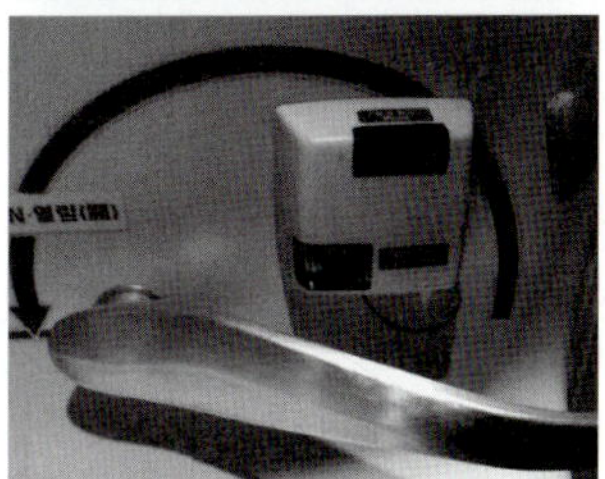
B747 항공기 팽창위치

1. 탈출구의 도어 모드가 팽창위치(Armed Position)인지 확인한다.
2. 탈출구를 연다.
3. 탈출구가 승객 및 승무원 탈출에 적절치 않을 때에는 "탈출구 불량" 명령어를 샤우팅(Shouting)하여 승객들을 다른 탈출구로 유도한다.
4. 좌석 이탈 명령어를 지속 실시하여 승객 탈출을 지휘한다.
5. 탈출 명령어 샤우팅(Shouting)(비상착륙시)

> Shouting 내용
> "벨트 풀어, 일어나, 나와, 짐버려 !
> "Release Seatbelt, Get up, Get Out, Leave Everything!"

6. 탈출 명령어 샤우팅(Shouting)(비상착수시)

> Shouting 내용
> "벨트 풀어, 구명조끼 입어, 일어나, 나와!"
> "Release Seatbelt, Get Your lifevest, Get up, Get out!"

* Shouting 정의 : 122페이지 참조

06 항공기로부터의 탈출

1. 외부 상황 판단

승무원은 항공기로부터 탈출하기 직전 항공기의 구조적 손상, 객실 화재 여부, 탈출에 이용할 비상탈출구(Emergency Door)의 사용 가능성 및 슬라이드(Escape slide)의 필요성을 확인한다.

- 비상사태의 유형을 파악하여 비상착륙 후의 항공기 정지 자세에 따라 이용할 수 있는 탈출구(Emergency Door)를 선정한다.
- 만일 기체 외부에 화재가 발생한 경우에는 반대쪽 탈출구를 이용한다.
- 비상착수(Emergency Ditching)시 수면 위에 위치한 비상탈출구만 이용하며, 슬라이드 팽창 여부도 결정해야 한다.

2. 비상구 개방(Emergency Door Open)

- 비행기가 멈추면 신속히 탈출에 이용할 비상구를 개방하고 비상탈출 미끄럼대를 펴서 탈출을 돕는다. 이때 슬라이드 모드가 팽창위치인가를 확인하고 비상구를 개방해야 하며, 자동으로 팽창이 안 되어 있을 시 수동 팽창 핸들(manual inflation handle)을 잡아당겨 슬라이드를 팽창시킨다.

- 승무원이 한 개 이상의 비상구를 담당하고 있을 경우에는 필요시 협조자에게 외부 상황을 확인하고 비상구를 개방하도록 지시한다.
- 탈출하기에 정상적인 비상구인지 다음의 사항들을 기준으로 판단할 수 있다.
  - 슬라이드의 완전한 팽창 여부
  - 안전한 각도
  - 화재 발생 여부

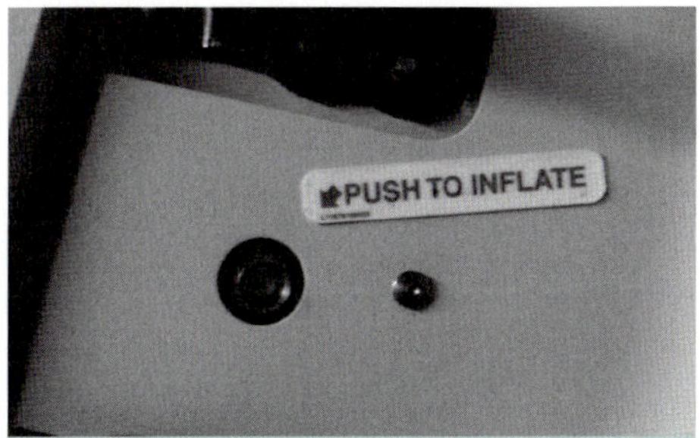

A380 항공기 수동 팽창 버튼

- 만일 탈출구나 슬라이드나 래프트(slide raft)의 사용이 불가능한 경우에는 승객들을 다른 탈출구로 안내한다.

예

B747-400 항공기의 비상착수시 3번 출구(No.3 door)는 슬라이드만 장착되어 있으므로, 비상착수시 승객들을 슬라이드와 래프트(slide / raft)가 장착되어 있는 비상구로 유도해야 한다. 따라서 도어 모드를 수동으로 설정 후에 개방한다. U/D 비상구도 슬라이드만 장착되어 있기 때문에 비상착수시 사용할 수 없으므로 아래층의 door를 이용하여 L1으로 탈출한다.

* slide : 항공기에서 탈출시 미끄럼틀로만 사용할 수 있다.
* slide raft : 항공기에서 탈출시 미끄럼틀과 구명정으로 사용할 수 있다.

3. 비상구 유도 명령어 샤우팅(Shouting)

승무원은 외부 상황을 파악하고 비상탈출구를 작동시킨 후에 다음과 같이 유도 명령어를 샤우팅(Shouting)한다.

Shouting 내용

– 탈출구 정상

"탈출구 정상! 이쪽으로!"
"Good exit! Come this way!"

– 탈출구 불량

"탈출구 불량! 사용 불가! 화재 발생! 저쪽으로! 건너편으로!"
"Bad exit! Door jammed! Fire! Go that way! Cross over!"

4. 탈출 흐름 통제 명령어 샤우팅(Shouting)

승무원은 비상착륙시 탈출구가 정상적으로 작동되면 다음과 같은 유도 명령어를 샤우팅(Shouting)한다.

Shouting 내용

- Escape Slide가 slide Type인 경우
  "앉아 내려가! 한 사람씩! 양팔 앞으로!, 멀리 피해"
  "Sit and slide! One at a time! Arms straight ahead!, move away"
- Escape Slide가 slide/raft Type인 경우
  "뛰어 내려가! 두 사람씩! 양팔 앞으로!, 멀리 피해"
  "Jump and slide! Two at a time! Arms straight ahead!, move away"

비상착수시에 탈출구가 정상적으로 작동되면 다음과 같이 샤우팅(Shouting)한다.

Shouting 내용

- Escape Slide가 slide Type인 경우
  "구명조끼 부풀려! 물로 뛰어들어! 헤엄쳐 가서 잡아!"
  "Inflate your life vest! Jump into the water! Swim to the slide and hold on!"
- Escape Slide가 slide/raft Type인 경우
  "구명조끼 부풀려! 안쪽으로! 기어서 안쪽으로! 앉아! 자세 낮춰!"
  "Inflate your life vest! Step into the raft! Crawl to the far side! Sit down! Stay Low"

승객 탈출을 지휘할 때, 승무원은 승객의 탈출을 방해하지 않는 위치에서 보조 핸들(assist handle)을 잡고 몸을 벽면에 붙이고 승객을 신속히 탈출시킨다.

보조 핸들(Door assist handles)

비상구 옆에 있는 핸들로서 문을 열거나 닫을 때 추락 등 사고 방지를 위해 부착된 손잡이.
객실승무원은 탈출 지휘시 밀려나오는 승객에 부딪혀 추락할 수도 있으므로 반드시 한 손으로 도어 보조 핸들을 잡고 나머지 한 손으로 행동을 취하여야 한다.

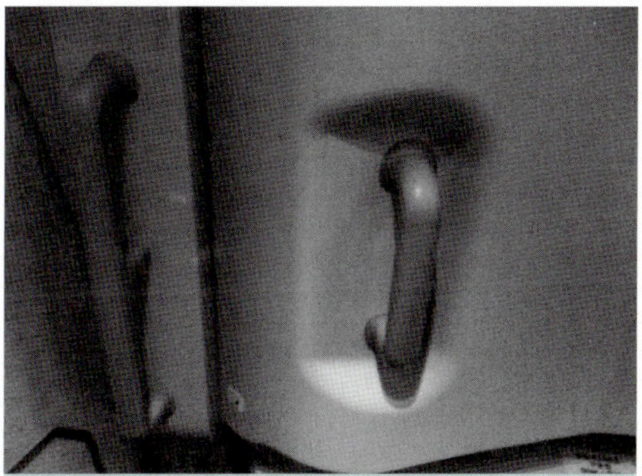
A380 항공기 도어 보조 핸들

비상착륙(Emergency landing) 후 탈출시 점검 항목

- 항공기에 잔류 승객이 없는지 확인한다.
- 구급상자(First Aid Kit), 확성기(Megaphone), 손전등(Flash Light) 등 반출 휴대장비를 가지고 탈출한다.
- 일단 항공기 외부로 나오면 되도록 항공기 내부로 다시 들어가지 않도록 해야 한다.
- 항공기로부터 화염, 폭발을 피해 안전거리까지 대피한 후에 승객을 모은다.
- 항공기 사고 주변에서 멀어지지 않아야 구출하기 쉽다.

07 비상착수(Emergency Ditching)

1. 비상착수시 탈출

비상착수인 경우 비상착륙과 항공기 탈출준비절차 및 항공기 탈출절차는 동일하나 바다나 호수에 착수하는 관계로 비상착륙과 다른 점이 있다. 상이점은 아래와 같다.

- 미끄럼틀 중 Slide/Raft Type의 도어를 이용해야 한다.
- 구명복을 착용한다.
- 신발을 벗는다.
- 미끄럼틀(Slide Raft)을 항공기로부터 분리해야 한다.
- 탈출 후 헬프자세(Help Position)를 취해야 한다.

"헬프자세란 저체온증을 예방하기 위해 태아처럼 웅크린 자세를 유지하여 체온의 손실이 많은 겨드랑이, 목, 허벅지 안쪽의 체온을 유지하게 하는 자세이다."

무어링 라인(mooring line) : 바다 위 비상착수시 항공기와 구명보트(Slide/Raft)를 연결해주는 끈. 승객 완전 탈출 후 Slide/Raft에 장착된 칼로 잘라내어야 한다.

- 비상착수시에는 슬라이드나 래프트에 승객을 신속히 탈출시켜 옮겨 태우고 Mooring Line을 Slide/Raft에 탑재되어 있는 Knife(칼)로 절단하여 기체에서 래프트(Raft)를 분리한다. 슬라이드 래프트가 없는 경우에는 수영으로 안전한 거리까지 이동한 후 구조(help) 자세나 웅크린(huddle) 자세를 취한다.

승객용 구명복 착용 모습

어린이 성인용 구명복 착용

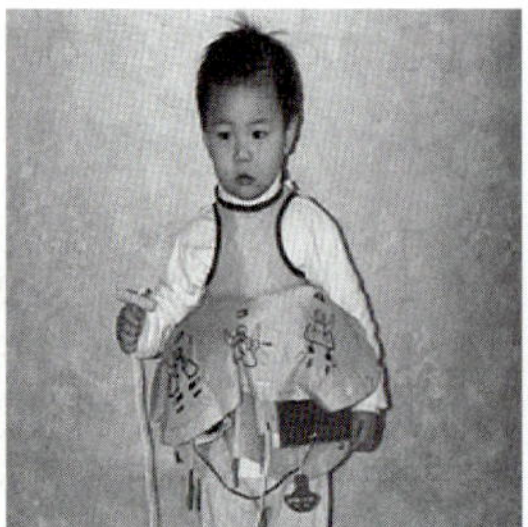
유아용 구명복 착용

HELP 자세

Huddle 자세

- 항공기가 불시착했을 때 탈출을 돕는 슬라이드 래프트, 구명정, 구명조끼, 조난된 위치를 알리는 전파 발신 장치, 발화 신호 장치, 부상한 승객을 치료할 수 있는 구급 간호 약품 세트 등이 기내에 설치 및 탑재되어 있다.

* 허들(Huddle) 자세 : 저체온증을 예방하고 효과적인 구조활동을 위해 여러 명이 팔짱을 끼고 헬프자세를 취하는 것을 말한다.

비상착수시 탈출구가 정상적으로 작동되면 다음과 같은 Shouting을 실시한다.

Shouting 내용

– 비상착수한 비행기의 도어 슬라이드가 구명정이 아닌 경우, Slide Only
  "구명조끼 부풀려! 물로 뛰어들어! 헤엄쳐 가서 잡아!"
  " Inflate your life vest! Jump into the water! Swim to the slide and hold on!"
– 비상착수한 비행기의 도어 슬라이드가 구명정 타입인 경우, Slide Raft Type
  "구명조끼 부풀려! 안쪽으로! 기어서 안쪽으로 앉아! 자세 낮춰!"
  " Inflatc your life vesl! Slep Into the raft! Crawl to the far side! Sit down! Stay low!"

객실승무원 비상 처리 절차

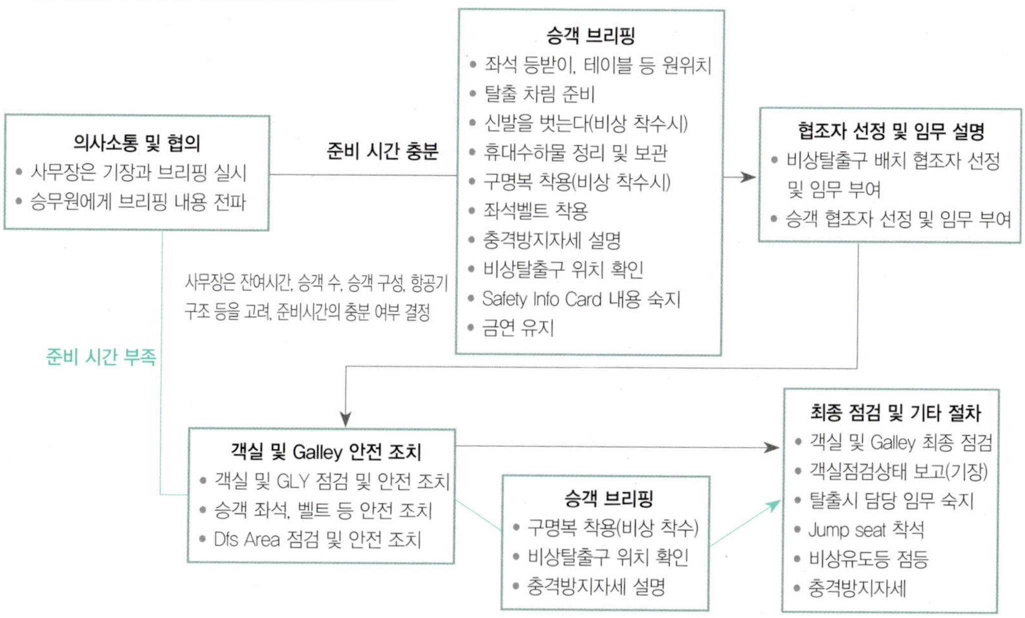

[비상 탈출 명령]

충격방지자세! Brace!
발목 잡아! 머리 숙여! 자세 낮춰!
Grab Ankles!, Heads Down!, Stay Low!

This is the Captain, Evacuate, Evacuate!

벨트 풀어! Release Seatbelts!
일어나! 나와! 짐 버려! Get Up! Get Out! Leave Everything!

탈출구 정상! Good Exit!
짐 버려! 이쪽으로!
Leave Everything! Come this way!

탈출구 불량! 화재 발생! Bad exit! fire!
건너편으로! 저쪽으로!
Cross Over! go that way!

[비상 착륙]

양팔 앞으로! 뛰어! 내려가! 멀리 피해!
Arms Straight Ahead!
Jump and Slide! Move Away!

※ 비상 탈출 PRAM 반드시 지상 점검!

[Slide/Raft]

구명복 부풀려! 안쪽으로!
기어서 안쪽으로! 앉아! 자세 낮춰!
Inflate Your Life Vest! Step Into The Raft!
Crawl To the Far Side! Sit Down! Stay Low!

[Slide] [비상 착수]

구명복 부풀려! 물로 뛰어들어!
헤엄쳐 가서 잡아!
Inflate Your Life Vest!
Jump Into the Water!
Swim to the Slide and Hold On!

저는 승무원입니다! 전방을 보세요! 손으로 저으세요! 하나! 둘! 하나! 둘!
I am a Crew! Look at the Fornt! Row the Raft! One! Two! One! Two!

2. 비상착수 후 탈출시 점검 항목

- 항공기에 잔류 승객이 없는지 점검한다.
- 반출 휴대장비(First Aid Kit, Flash Light, Megaphone)를 가지고 탈출한다.
- 일단 탈출시에는 다시 항공기로 재진입하지 않는다.
- 안전거리까지 대피한 후 승객과 구명정을 모은다.

3. 구명정 이란?(Slide/Raft)

구명정을 이용하여 항공기로부터 탈출하는 승무원

구명정(Slide/Raft)은 비상착수시 승객과 승무원이 항공기로부터 신속히 탈출하고 안전하게 구조될 때까지 수면 위에 안전하게 떠 있기 위해 사용되는 장비를 말하며 탈출용 미끄럼대를 비행기에서 분리하여 구명정으로 사용할 수 있다. 구명정에는 표류하게 되는 때를 대비하여 비상용 식량, 식수제조기, 약품, 통신장비 등 생존장비가 내장되어 있다.

구명정의 부속장비는 아래와 같다.

❶ 설치, 수리용 장비

- 캐노피(Canopy) : 바람이나 햇볕을 차단하는 장치
- 앵커(Anchor) : 구명정이 떠내려 가지 않도록 해수를 이용하여 고정하는 장치
- 클램프(Clamp) : 구명정에 구멍이 생겼을 때 수리하는 장치
- 핸드펌프(Hand Pump) : 구명정에서 공기가 샐 때 보충하는 장치
- 버킷(Bucket) : 구명정에 물이 찼을 때 퍼내는 장치
- 스펀지(Sponge) : 구명정에 물기가 있을 때 닦는 장치
- 히빙 라인(Heving Line) : 물에 빠진 승객에게 던져서 구조하는 기구
- 무어링 라인(Mooring Line) : 항공기와 구명정을 이어주는 끈
- 칼(Kinfe) : 무어링 라인을 자르거나 생존에 필요한 칼

❷ 신호용 장비

- 스모크 플레어 키트(Smoke Flare Kit) : 연기 신호 장치 - 주간에 사용
- 시 다이 마크(Sea Dye Mark) : 구명정의 위치를 알리기 위하여 바닷물을 형광색으로 염색하는 분말
- 시그널 미러(Signal Mirror) : 항공기에 구명정의 위치를 알리는 거울
- 호각(Whistle) : 신호용 호각

❸ 생존용 장비

- 시워터 디솔팅 키트(Seawater Desalting Kit) : 해수를 담수로 바꾸는 장치
- FAK(First Aid Kit) : 응급구호 박스

- 약간의 식량(Ration) : 캔디, 비타민으로 구성
- 서바이벌 북(Survival Book) : 생존매뉴얼
- 매뉴얼(Manual) : 구명정 이용 설명서
- 컴퍼스(Compas) : 구명정의 위치를 알 수 있는 장치
- 성경(Holy Bible) : 신약성경만 탑재

비상착수시 항공기로부터 탈출하여 착수하는 모습

08 비상탈출 후 생존지침

1. 환경으로부터의 생존(1)

① 극도로 추운 경우

- 생존지침
  - 생명유지 위해 체온 유지
  - 가능한 경우 Slide/Raft에서는 Canopy를 설치(햇빛, 비, 눈 피하기 위한)
  - 항공유나 동물의 기름을 사용해 불을 지필 수 있으며 연기로 구조 신호
  - 혹한기에 옷을 말리는 경우 옷을 외부에 얼렸다가 얼음을 털어내는 방법이 효과적임
  - 눈이나 얼음은 먹지 않음(식도와 위장에 상처를 줄 수 있다)
  - 항공기 잔해나 Slide Raft를 이용하여 최대한 바람을 막도록 노력
  - 체온 저하 승객에 대한 조치

② 극도로 더운 경우

- 그늘에 있거나 가능할 경우 그늘을 만든다.
- 태양빛을 직접 쳐다보지 않는다.(시력 보호)
- Canopy 설치
- 사막에서는 모래를 최소한 15cm 파내고 몸을 밀착시킨다.(체온 유지)
- 활동 제한(수분 유지)
- 충분한 불빛이 있을 경우 낮에는 수면을 취하고 야간에 작업
- 얇은 옷을 입는다.(몸을 태양빛에 노출시키지 않는다)
- 열사병을 예방한다.

생존을 위한 지대공 신호코드

파손되거나 침수된 항공기에서 탈출 후 생존자 수색을 위해 항공기로 공중조사 및 촬영을 할 때 항공기에서 이해할 수 있도록 생존자들이 모여서 지면에 표시를 하는 방법

생존자가 사용하는 지대공 시각신호 코드

Ground-air visual signal code for use by survivors

번호	의미(Message)	기호
1	원조가 필요함(Rquire assistance)	V
2	의료 원조가 필요함(Rquire medical assistance)	X
3	아니오 또는 부정(No or Negative)	N
4	예 또는 긍정(Yes or Affirmative)	Y
5	이 방향으로 진행 하시오.(Proceeding in this direction)	⬆

* 기호의 길이는 2.5미터(8피트) 이상이어야 하며 가능한 한 눈에 잘 보이도록 하여야 한다.(Symbols shall be at least 2.5 meters(8 feet) long and shall be made as conspicuous as possible.)

주1. 기호는 기다란 천, 낙하산, 나무조각, 바위 또는 이와 유사한 재료를 이용하거나 또는 지표면을 밟아 표시하거나 물감 등으로 착색하는 등 어떤 방법으로 든지 만들 수 있음.

(Note 1. Symbols may be formed by aay means such as: strips of fabric, parachutc material, pieces of wood, stones or such like material; marking the surface by tramping, or staining with oil, etc.)

주2. 위의 신호에 대한 주의를 끌기 위하여 전파, 조명탄, 연기, 빛의 반사 등 다른 방법을 사용할 수 있음.

(Note 2. Attention to the above signals may be attracted by other means such as radio, flares, smoke, reflected light, etc.)

2. 환경으로부터의 생존(2)

❶ 추가적 수상 생존지침

- 생존자들이 물속에 있을 경우
  - 가까이 모여 체온을 집중하고 가능한 신체부분을 물 밖으로 내 놓는다.(체온 유지)
  - Help와 Huddle 자세를 취한다.
  - 물속에서의 활동을 제한한다.(에너지 소비 방지)
- 생존자들이 Raft 안에 있는 경우
  - 물속에 생존자 있을 경우 Heaving Line를 사용
  - Heaving Line을 이용하여 Raft 간 서로 묶는다.(이탈 방지)
  - Canopy를 설치
  - Slide/Raft의 적절한 팽창도의 유지를 위하여 공기방을 수시로 점검한다.

❷ 추가적 지상 생존지침

- 불을 피운다.(체온 유지)
- 불을 이용하여 몸을 보호하며 필요시 구조신호로도 사용한다.
- 여러 개의 작은 모닥불이 효과적(시각 효과)
- 식수를 위하여 물을 끓인다.(감염 방지)
- 생존교범에 적혀 있는 Survival Manual을 이용해서 극한 환경에서 불을 피우는 다양한 방법을 시도

Chapter

07

운항승무원/ 지상직원과의 원활한 소통 (CRM: Crew Resource Management)

1. CRM의 기본 구성요소
2. 운항승무원과의 원만한 업무협조 방법
3. 지상직원과 소통(Communication Between Crew and Ground Staff)

Chapter 07

운항승무원/지상직원과의 원활한 소통 (CRM : Crew Resource Management)

CRM은 인간의 실수로 발생하는 심각한 위해의 발생가능성을 최소한으로 낮추는 것을 전제로 삼고 전략적인 대응방안으로 자원, 설비, 정보 등의 이용가능한 자원의 효과적인 활용을 포함하고 있다. 항공기 내에서는 기장이 모든 기내 발생 사태의 최종 결정권한이 있지만 기장이 적합한 결정을 내릴 수 있도록 모든 적절한 정보를 제공하는 것은 객실승무원의 임무이다.

따라서 운항승무원과 객실승무원 간의 좋은 팀워

B747-400 기장과 저자의 소통

가폴행 비행기 안에서 외국인 기장과 함께

크는 최상의 적절한 결정을 내리는 데 상당히 중요한 요소이며 운항/객실승무원 간의 협조체제 결여는 모든 비상사태에 대해 부적절한 판단 및 결정을 초래할 수 있다.

따라서 비행 전 객실승무원과 운항승무원과는 좋은 팀워크를 위해 상호 존중, 긍정적 분위기를 이용한 협조체제 구축에 노력하여야 하며 특히 외국인 조종사가 탑승시 정확한 의사소통 및 상황을 파악하는 부분에서 문화적인 차이로 인한 오해를 불러 일으킬 수 있으므로 이해를 하지 못하거나 불분명한 사안에 있어서는 확실한 확인 작업이 필요하고 쓸데없는 긴장감을 불러 일으키지 말아야 하며 외국어를 이해하지 못했을 때 절대 주저하지 말고 재의견 교환을 통해 정확한 사태파악을 위한 노력을 비행 근무 모든 단계에 걸쳐 가지고 있어야 한다.

01 CRM의 기본 구성요소

의사소통	Communication
승무원 협동	Crew Coordination
업무관리	Planning and Workload Management
상황인식	Situation Awareness
의사결정	Decision Making 5가지 사항으로 나뉠 수 있다.

02 운항승무원과의 원만한 업무협조 방법

- 합동브리핑시 운항승무원의 이름과 얼굴을 기억한다.
- 지상이동시 규정을 준수하고 원활한 의사소통의 유지를 위해서 운항승무원의 업무를 이해하려고 노력한다.

- 지휘계통을 준수한다.
- 상대방의 업무를 이해하는 자세를 갖도록 한다.
- 운항승무원과의 문제가 발생하는 경우 근무 중에는 지휘계통을 준수하고 근무가 종료된 후 공식적인 방법으로 보고한다.

03 지상직원과 소통(Communication Between Crew and Ground Staff)

항공사 객실승무원은 항공기 진입/출발/도착시 지상직원과의 업무협조가 매우 긴밀하게 이루어져야 하나 간혹 업무시 서로의 이해가 부족해 적지 않은 마찰과 불필요한 긴장 분위기가 조성되곤 한다. 따라서 지상직원과의 원활한 소통은 승객 및 항공기의 정시출발/도착을 위해 꼭 필요한 덕목이 아닐 수 없다. 다음의 사항을 잘 준수하여 원만한 커뮤니케이션을 이루도록 해야 한다.

지상직원과의 업무협조시 필요한 객실승무원의 덕목

① 출발 전이나 도착 후 발생하는 업무 수행 중 필요한 경우 지상직원의 업무에 적극 협조한다.

② 상대방의 업무와 고충을 이해하도록 노력한다.

③ 지상직원의 업무 진행시 부당함이 발견되면 시정을 요구해야 하나 지상직원의 위상을 고려해 승객이 있는 경우 비난하거나 논쟁하지 않는다.

④ 좌석 재배치, 휠체어 등과 같이 고객과 관련된 업무가 진행될 때는 신속하게 처리될 수 있도록 적극 협조한다.

⑤ 지상직원과의 업무시 예의를 갖추고 신중하게 대한다.

⑥ 지상직원과 승무원의 업무분담이 다르지만 융통성 있고 협조적인 자세를 유지한다.

⑦ 항공기 출발 전/도착 후 함께 업무를 진행하면서 가능한 한 많은 정보를 교환하고 공유하도록 한다.

Chapter 08

상황별 안전안내 방송하기

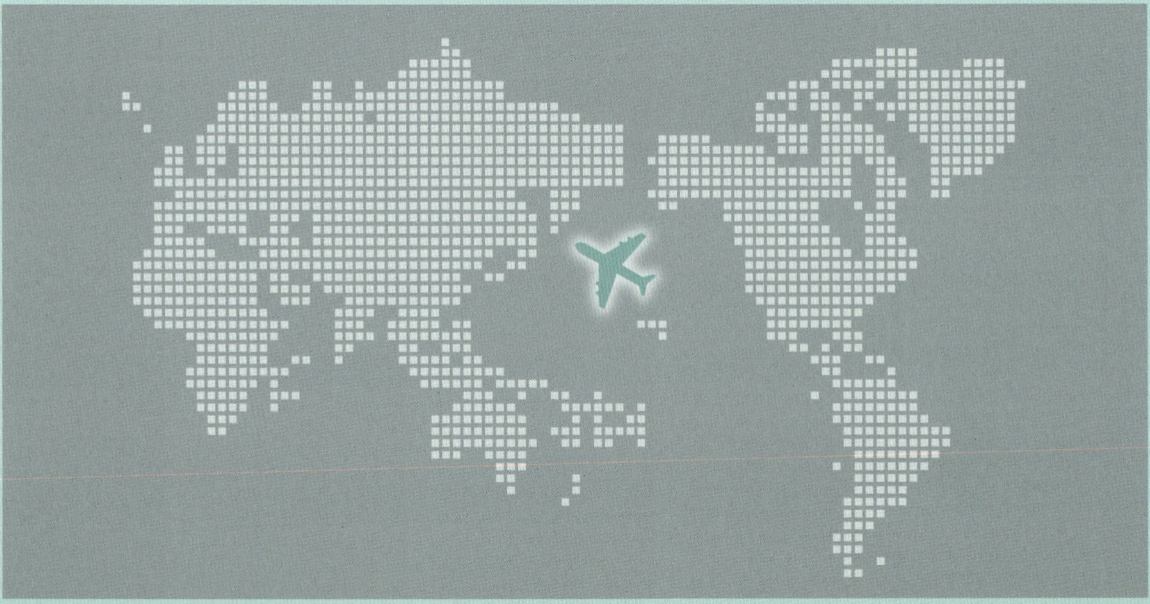

1. 기내 방송의 목적
2. 기내 방송 원칙
3.기내 방송담당 승무원
4. 기내 방송담당 승무원의 책임
5. 기내 방송의 종류
6. 방송문 읽을 때 주의사항
7. 방송용 인터폰 시스템
8. 기내방송 녹음장치–PRAM
   (Pre–Recorded Announcement Module)
   이해하기
9. 한국어/외국어 방송 연습
10. 기내 상황별 안전 안내방송 예문

Chapter 08

상황별 안전안내 방송하기

01 기내 방송의 목적

기내 방송은 정보 전달 서비스로 항공기에 탑승한 승객에게 비행 중 여행에 필요한 다양한 항공정보를 전달하고 승객을 효율적으로 통제하여 안전한 비행에 도움을 주고자 실시한다. 기내 방송은 정상적 상황 및 비정상적 상황이 발생할 때 신속한 공지를 하여 승객의 신속한 상황판단과 대처능력을 향상 시켜 정확하고 적절한 행동을 할 수 있도록 도와주고 지연 및 회항 그리고 응급환자 발생 시 적당한 시점에 적절한 안내방송으로 승객의 궁금증과 불안감을 해소하고 편안하고 쾌적한 항공여행을 할 수 있도록 실시한다.

02 기내 방송 원칙

- 기내방송은 승객에게 비행 중 여행에 필요한 정보전달 서비스로서의 기능을 전달하고 안전사항에 대해서는 승객을 효율적으로 통제함으로서 안락하고 편안한 비행을 보장하기 위해서 실시 한다.
- 방송 Duty 승무원은 제반 방송원칙을 준수하여 방송을 실시 하여야 한다.
- 객실승무원은 방송능력 향상을 위해 노력 하여야 하고 평소 올바른 마이크 사용법을 정확히 알고 있어야 한다.
- 방송언어는 기본적으로 해당 노선에 따라 2~3

개의 언어로 실시하며 필요에 따라 4개 언어를 사용할 수도 있다.

- 국내선에서는 한국어-영어 순으로 방송하며 국제선 에서는 한국어-영어-현지어 순서로 방송하는 것을 원칙으로 한다. 단 내국인 전세기 에서는 한국어로만 방송 가능하다. (국내항공사에서 사용하는 방송문 책자)

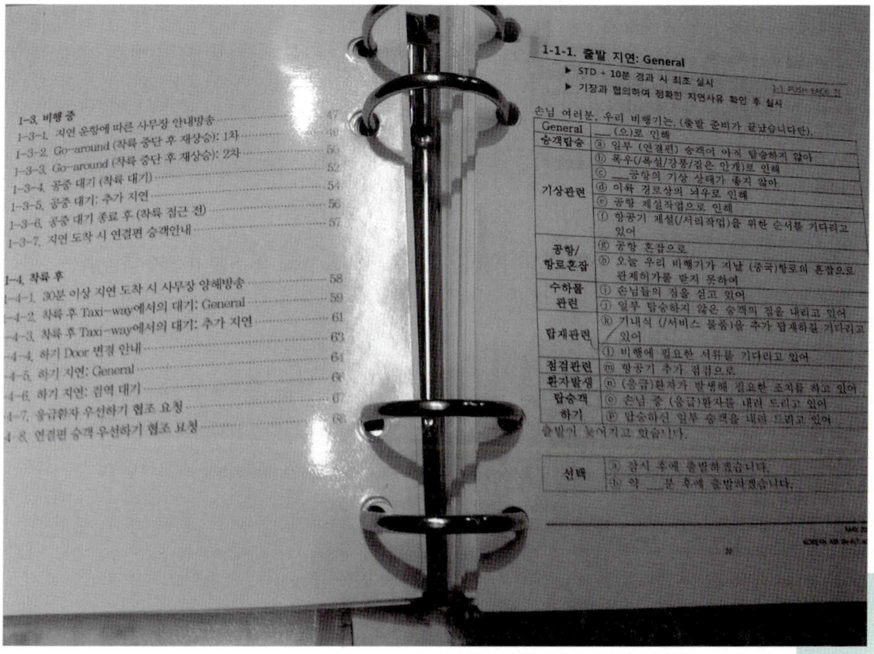

1. 현지어 및 지정 외국어(일어, 중국어) 방송 우선순위

❶ 현지 여승무원

❷ PRAM (Pre-Recorded Announcement Module)

❸ 해당 언어 방송자격 보유자

❹ 카세트 플레이어

* 단, 승무원 시연을 위한 Safety Demo방송은 PRAM사용을 우선한다.

03 기내 방송담당 승무원

객실승무원은 기내업무를 원활하게 수행하기 위하여 클래스별 담당 승무원, 기내판매 담당 승무원, 방송담당 승무원의 임무를 동시에 수행 할 수 있어 여야 하며 기내방송 담당 승무원인 경우 해당 편 탑승 승무원 중 회사에서 정기적으로 실시하는 방송 테스트에서 최 상위 방송 등급을 획득한 승무원이 실시하는 것을 원칙으로 한다.

또한 2014년부터 일부 항공사 에서는 방송에 성차별이 없도록 그동안 남녀를 불구하고 무조건 여승무원이 담당했던 방송 일찌라도 남승무원이 방송등급이 높을 때 또는 객실사무장이 지정하면 남승무원이 기내방송을 실시할 수 있도록 객실승무규정이 바뀌었다.

- 수준높은 방송을 하기 위하여 방송 담당자는
- 방송문을 유창하게 읽을 수 있도록 평소 아낌없는 노력을 해야하고
- 기내방송 시 항상 밝은 스마일을 유지 하면서 방송해야 하며 밝고 경쾌한 톤을 유지한다.
- 적당한 띄어읽기와 피곤한 듯한 동일한 억양이 반복되지 않도록 유의해야 하며 외국어는 또박또박 ,차분히 방송한다.
- 마지막으로 매 방송 시 승객에게 다가갈 수 있는 여유있고 친근감 있는 기내방송이 될 수 있도록 해야 한다.

04 기내 방송담당 승무원의 책임

- 기내방송에 관한 모든 책임은 원칙적으로 객실사무장/캐빈매니저에 있으며 방송담당 승무원은 2차적 으로 책임진다.
- 방송 담당 승무원은 방송 매뉴얼의 방송원칙을 준수하여 방송 해야 한다.

- 정확한 정보 전달을 위해 발음 연습에 대한 지속적인 노력이 필요하며 좋은 음성을 가꾸기 위해 노력해야 한다.
- 평소 올바른 마이크 사용법을 익혀 파열음이 나지 않도록 유의하여 전달력 향상에 노력을 기울여야 한다.
- 또박또박 천천히 방송하는 연습을 꾸준히 하여 승객이 듣기 편한 방송이 될 수 있도록 해야 하며 철저한 연습을 통해 방송 담당자 로서 책임감을 지녀야 한다.
- 기내 상황에 대한 정확한 이해,판단 능력이 필요하며 방송 매뉴얼의 구성을 숙지하여 적시에 적합한 방송이 이루어질 수 있도록 해야 한다.

05 기내 방송의 종류

(1) 국제선 방송(International announcement):

국제선에서 실시되는 방송으로 방송 담당 승무원이 객실사무장/캐빈매니저의 지시에 의거 방송을 실시하며 국제선 비행 시 객실에서는 일반적으로 아래의 방송을 순서에 의거해 주로 실시한다.

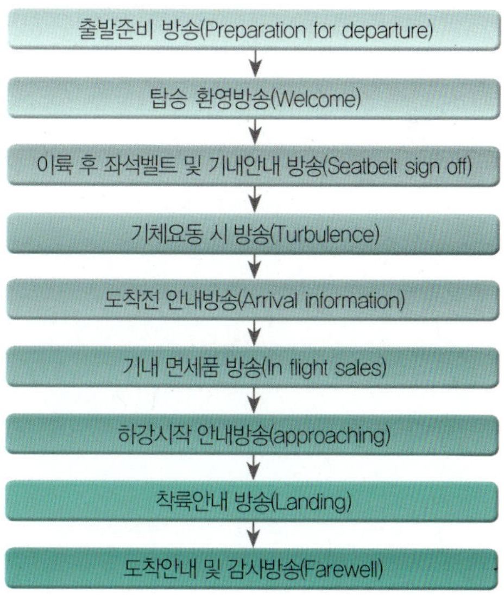

또한 정규적인 방송문 이외에 비상사태 발생 시/장시간 지연/긴급회항/응급환자 발생 등...비정규적이고 상황이 심각한 사태에는 기장/객실사무장 또는 캐빈 매니저가 방송을 실시 해야 하며 국제선의 방송 순서는 한국어-영어-제2외국어를 기본으로 하고 전세기등 한국인만 탑승하는 경우에는 한국어만 방송해도 무방하다.

(2) 국내선 방송(Domestic announcement)

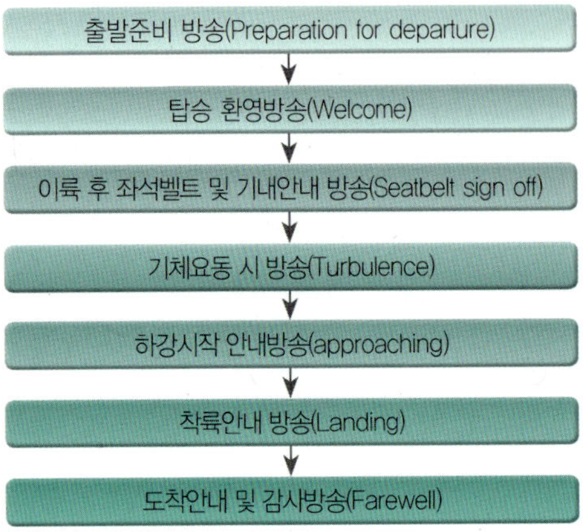

국내선 방송은 국제선 방송에 비해 가지 수가 적고 비교적 덜 복잡한 상황에서 시행하기 때문에 종류 및 방송문의 길이가 국제선에 비해 간편하게 되어있다. 국내선 역시 정규적인 방송문 이외에 비상사태 발생 시/장시간 지연/긴급회항/응급환자 발생 등...비정규적이고 상황이 심각한 사태에는 기장/객실사무장 또는 캐빈 매니저가 방송을 실시하며 한국어와 영어로 방송하고 전세기등..한국인 승객으로만 이루어진 비행기 에서는 한국어만 방송해도 무방하다.

06 방송문 읽을 때 주의사항

❶ 항공기 편명 읽는 법

- 한국어: 숫자를 한 자리 단위로 끊어서 읽으며 '0'은 '공'으로 읽는다
  예문) 908편: 구 공 팔 편
- 영어: 숫자를 한 자리 단위로 끊어서 읽으면서 '0'은 '제로'로 읽는다.
  단 '0'이 중간에 있은 경우에는 ou로 읽어도 된다.
  예문) 304편: three zero four (0) or three ou four (0)

❷ 영어 시간 읽는법

- 시간과 분 단위로 구분하여 읽는다.
- 12시 단위로 표현하여 읽으며 오전/오후/저녁은 in the morning /in the afternoon/in the evening으로 구분하며 AM/PM으로 읽어도 무방하다.

- 1분부터 9분까지는 반드시 '0'를 중간에 넣어 읽는다.
  이때 '0'는 오우ou로 읽어야 한다.
- 15분,30분,45분을 a quarter, a half, 등으로 읽지 않는다.

출발 지연(이륙 지연) 안내방송

출발지연 안내방송은 기장의 책임하에 객실사무장(캐빈매니저)이 실시하는 것을 원칙으로 하며, 객실사무장(캐빈매니저)은 방송 실시 전 기장으로부터 지연관련 정보(지연 사유, 지연 시간 등)를 전달받고, 방송 실시여부를 협의한다.
출발지연 안내방송은 STD(출발예정시간) 5분 경과 후에 최초로 실시한다.

- ▶ 지연 예상시간 (또는 변경된 출발시각)을 언급하여 방송한 경우 해당 시간 동안에는 기내방송이 아닌 승객대상 개별안내를 실시한다.
- ▶ 지연 예상시간에 대한 정보가 사전에 파악되지 않은 경우, 최초 방송 이후 매 15분 경과 시 운항승무원에게 진행 상황을 확인하고 추가 방송여부를 협의한 후 실시한다.

07 방송용 인터폰 시스템

(1) 기내방송(PA-Public Address) 우선순위

일반적으로 모든 항공사의 기내방송은 우선순위(Priority)가 지정되어 있다. 기내방송의 우선순위는 조종실 방송 PA → 객실방송 PA → PRE RECODED ANNOUNCEMENT PA → VIDEO SYSTEM PA → BGM 순 으로 되어 있으며 우선순위의 의미는 하위 순위에서 기내방송을 하고 있더라도 상위순위에서 기내방송을 실시하면 하위순위의 방송을 자동적으로 중지되고 상위순위의 방송이 실시되게 된다.

즉 객실에서 방송을 통해 승객에게 안내를 하던 중이라도 조종실에서 방송을 실시하면 자동적으로 객실방송은 중지되고 조종실에서 실시하는 방송이 실시되게 된다.

사진으로 이해하는 기내방송 우선순위

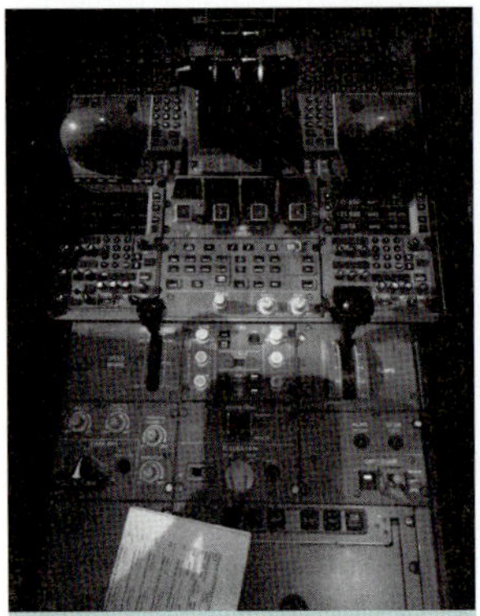

1. 조종실 방송 PA

2. 객실방송 PA

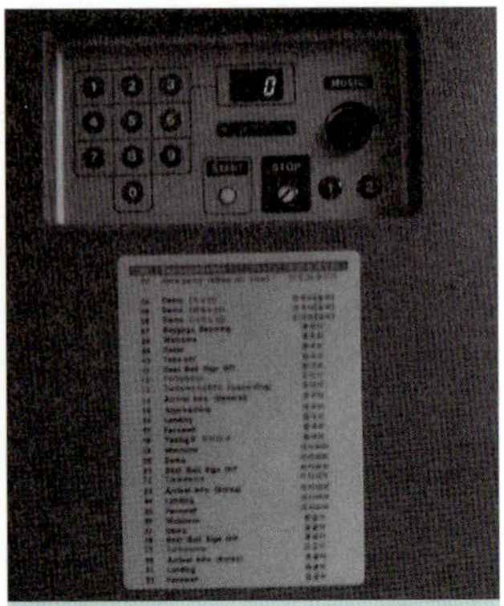

3. PRE RECODED ANNOUNCEMENT PA

4. VIDEO SYSTEM PA

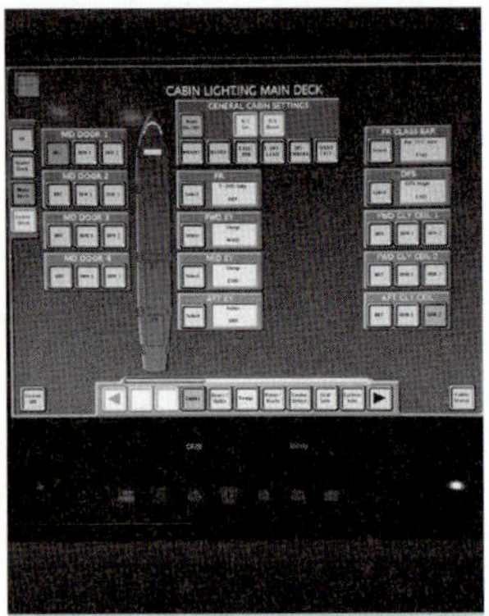

5. BGM

(2) 기종별 방송용 인터폰 및 사용법

❶ B737 기종 방송용 핸드셋(Handset)

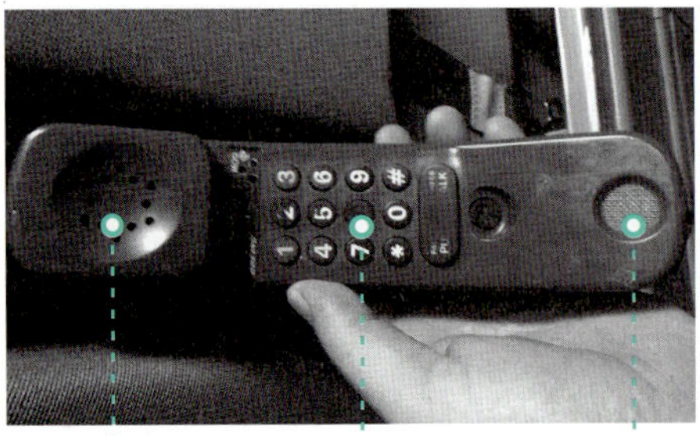

상대방의 음성을 듣는 수화기

숫자버튼

송화기

PPT 버튼: Push To Talk, 누르고 통화나 방송을 실시한다.

항공기에 설치되어 있는 핸드셋(Handset)은 기내에서 객실승무원 상호간에 의사소통과 승객에게 안내방송을 가능하게 해주는 시스템이며 조종실 및 모든 객실승무원의 Jump seat 근처에 설치되어 있다.

B737 기종 핸드셋(Handset) 사용법

- 기내방송 시: 8번을 누른다. (사진에는 방송을 너무 많이 사용하여 8번이 지워짐)
- 8번을 누르면 핸드셋(Handset)은 기내방송을 인식 하므로 PTT 버튼을 누르고 안내방송을 실시한다.
- 기내방송 사용 후: 방송이 끝나면 Reset 버튼을 누른다.
- 5번은 객실승무원끼리 통화를 할 때 사용하며 2번은 조종실과 통화를 원할 때 눌러 사용한다.

  *PTT 버튼: Push To Talk의 약자이며 말하거나 기내방송 시 눌러서 사용한다.

② AIR BUS 330-200/300 기종 방송용 핸드셋(Handset)

A330-200/300 핸드셋(Handset) 및 기내방송장치 내/외부

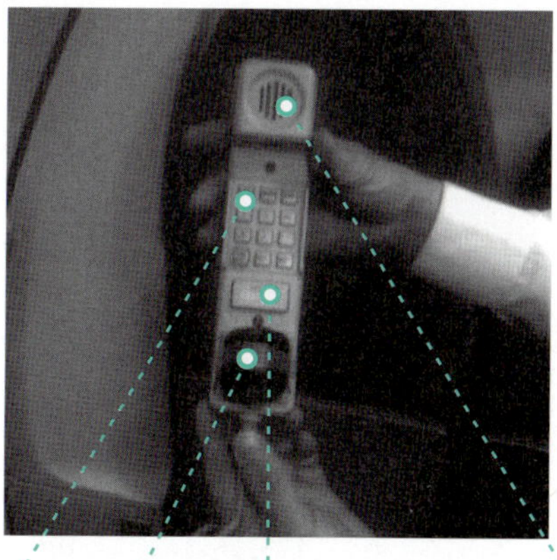

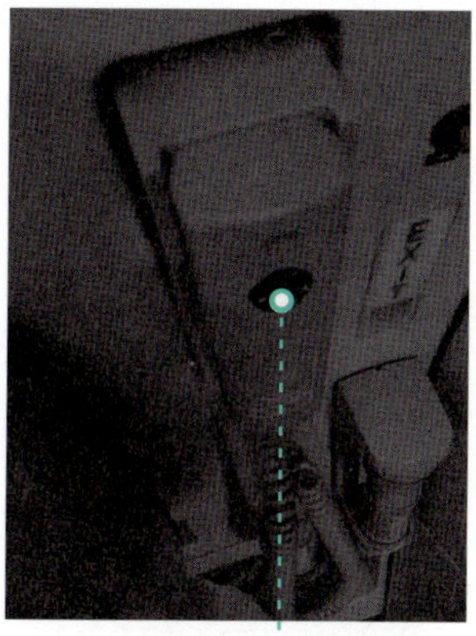

A330-200/300 기종 기내방송 시 핸드셋(Handset) 사용법

- 기내 승무원 좌석 옆에 장착된 핸드셋을 꺼내든다.
- 다른 버튼을 누를 필요 없이 사진의 직사각형 PPT 버튼을 누르고 기내방송을 실시한다.
- 방송 완료 후 정 위치에 넣는다.
- 핸드셋(Handset)을 홀더에서 뽑을 때 떨어뜨리는 경우가 많이 발생하니 천천히 작동 시킨다.
- PA로 사용 시 마이크 센서가 상당히 민감하니 적당거리를 두고 기내방송을 실시 한다.

  *PTT버튼: Push To Talk의 약자 Airbus사에서 제작된 모든 항공기는 보잉사 항공기와 달리 기내방송 시 PTT 버튼을 눌러서 사용하고 승무원간 또는 조종실과 통화할 때 PTT 버튼을 누르지 않는다.(저자도 에어버스 항공기에서 다른 승무원과 통화 시 PTT 버튼을 눌러 통화내용이 객실로 나가 승객에게 전달된 경험이 있다)

③ B777-200/300 기종 방송용 핸드셋(Handset)

B777 기내안내 방송 시 사용하며 승무원끼리 통화할 때 사용하는 핸드셋(Handset)

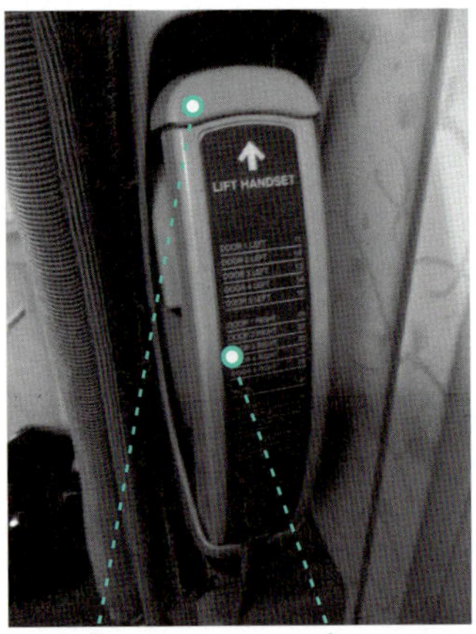

통화나 방송을 하기위해 인터폰을 빼낼 때 인터폰을 위쪽으로 밀민 이 커버가 움직이며 분리할 수 있다

인터폰, 방송, 비상신호 안내판

수화기 숫자버튼 송화기 Reset버튼 PTT버튼: 인터폰, 기내방송을 할 때 누르고 실시한다

B777-200/300 기종 기내방송 시 핸드셋(Handset) 사용법

- 기내방송을 하기 위해서 핸드셋(Handset)을 케이스에서 꺼낸다
- 핸드셋(Handset) 번호 중 46을 누르면 방송할 준비가 되며 하단의 PTT 버튼을 누르고 기내방송을 실시한다.
- Reset 시키기 위해서는 Reset Botton을 누르거나 원위치로 넣는다.

*PTT: Push To Talk의 약자

④ B747-400기종 방송용 핸드셋(Handset)

인터폰-B777과 동일한 사양이다

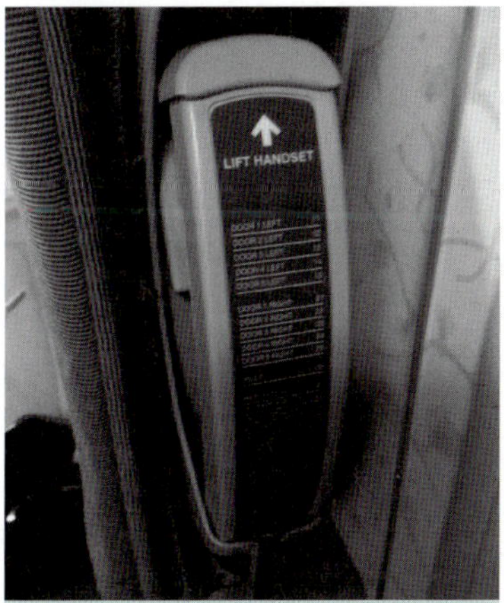

B747-400 핸드셋(Handset)

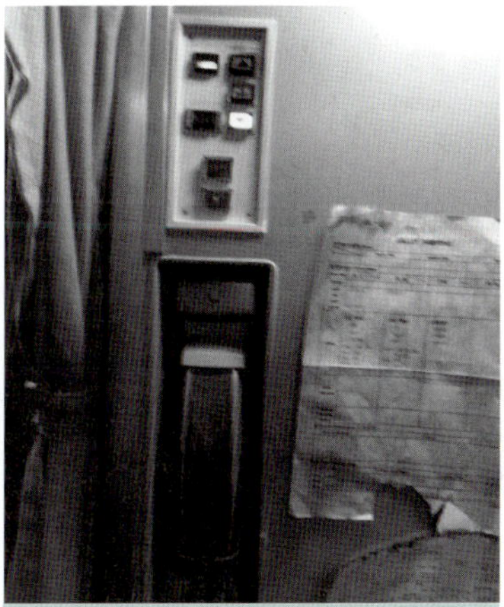

MID GALLEY에 설치되어있는 핸드셋(Handset)

B747-400기종 기내방송 시 핸드셋(Handset) 사용법

항공기 내에서 객실 승무원 상호간에 의사소통과 승객에게 기내방송을 가능하게 해주는 시스템 이다

사용법:

- 핸드셋(Handset)을 케이스에서 꺼내든다
- B777 기종과 마찬가지로 46번호를 누른 후 PTT 버튼을 누르고 방송한다.
- 사용 후 원위치로 넣으면 Reset 되나 Reset Button을 사용해도 가능하다.

*PTT: Push To Talk의 약자

⑤ A 380 기종 방송용 핸드셋(Handset)

객실 승무원용 핸드셋(Handset)/방송용 시스템

A380 객실승무원용 인터폰/PA

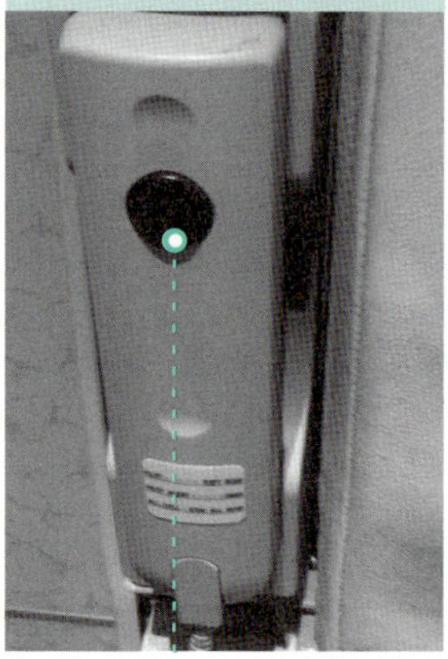

인터폰 내부모습

인터폰 내부전경

인터폰을 고정장치에서 분리하기 위해 누르는 버튼 이 버튼을 누르면 분리된다

상태표시창

PPT버튼

송화기.상당히 민감하여 방송 시 숨소리까지 기내에서 잘들리니 유의한다

숫자버튼

통화종료 버튼

수화기

통화시작버튼 이 버튼을 눌러야 상대방 인터폰에 신호가 간다

Jump Seat에 설치된 인터폰

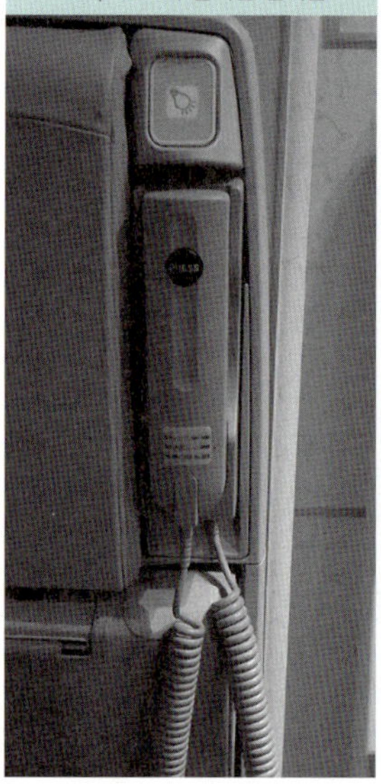

내부기능

원하는 장소 선택된 모습

기내에서 객실 승무원 상호간의 의사소통과 기내안내방송을 원활하게 해주는 기구 이며 핸드셋 설비는 조종실 및 객실의 각 객실승무원 위치에 있다.

A 380 기종 기내방송 시 핸드셋(Handset) 사용법

- 기내방송을 하기 위해서는 핸드셋(Handset) 케이스에서 인터폰을 꺼내든다
- 번호 키 중 제일 왼편상당 두번째 열 PA버튼을 누르고
- PTT 버튼을 누른 후 안내방송을 실시한다.
- Reset을 위해서는 Reset버튼을 누르거나 핸드셋을 원위치 시키면 된다.
  *PTT : Push To Talk의 약자
- 핸드셋의 목소리 감지 센서가 방송담당 승무원의 숨소리 까지 반영할 정도로 지나치게 민감하니 방송 중 옆 좌석에서 잡담을 하거나,성대를 가다듬기 위해 음,음,하는 소리 , 기침을 하는 등의 부수적인 행동을 하지 않아야 한다.

올바른 비행기 마이크(핸드셋)사용법

- 사전 연습 방송을 실시하여 볼륨이나 잡음발생 여부 등의 마이크 성능을 미리 파악하고 자신의 목소리와 적절한 조화가 될 수 있도록 한다.
- 마이크와 방송하는 승무원의 입술과의 거리는 일반적으로 2~3cm 정도가 무난하며 마이크 하단의 송화기에 입술이 정면으로 향하도록 해서 볼륨 및 방송의 정확도가 최적의 상태를 유지 할 수 있도록 해야 한다.

08 기내방송 녹음장치-PRAM 이해하기
(Pre-Recorded Announcement Module)

PRAM(Pre-Recorded Announcement Module)이란 각 항공기 마다 장착되어 있는 자동 안내방송 시스템을 말하며 객실에서 지상/비행중에 필요한 모든 기내방송문이 여러나라 언어로 수록 되어있다. 작동법은 기종별 상이하나 아래의 기종을 통해 기본적인 작동방법을 설명하자면

❶ 언어별 목록에서 시행하고자 하는 방송문의 번호를 찾아

❷ 키패드에 해당방송에 대한 번호를 입력 시키고

③ 시작버튼을 누르면

④ 수초후에 해당방송문이 원하는 국적의 언어로 기내에 방송되게 되는 아주 편리한 기내 자동안내방송 시스템이다.

항공기 기종별로 차이가 있으나 Pre-Recorded Announcement Module에는 평균 약 200개의 기내방송문이 동남아,중국,일본,아랍어,독일어,이태리어,포르투칼어로 수록 되어있다.

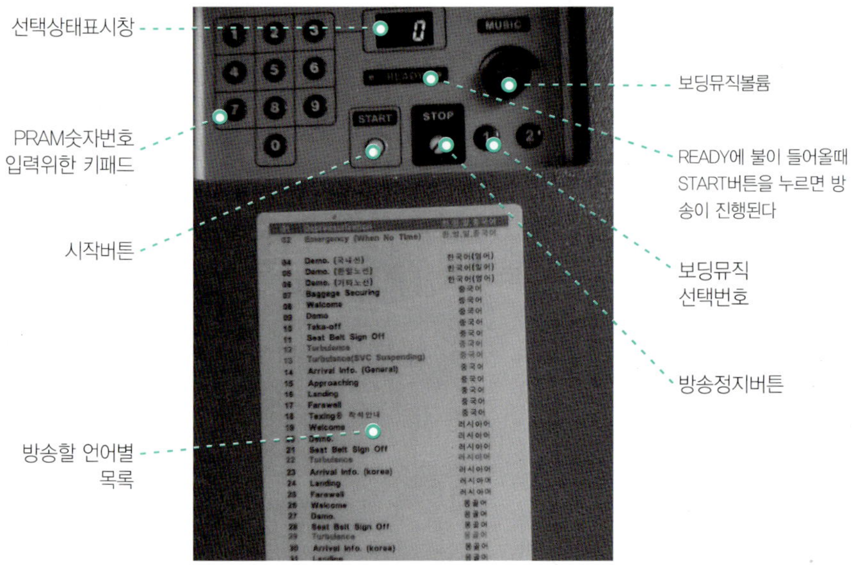

09 한국어 / 외국어 방송 연습

❶ 한국어 방송연습 방법

- 표준어로 발음한다. 사투리,억양등의 사용을 하지않고 표준어 낭독 연습을 통해 또박 또박 천천히 말하는 습관을 들인다. 평소 말할때도 입을 크게 벌려서 정확하고 명확한 소리가 나오도록 노력한다.

  예문) 의사 선생님(○)

  으사 슨상님(×)

- 발음 시 자음 'ㅎ'발음이 잘 들리도록 명확한 음가를 살려서 읽는다.

  예문) 정확한(○)

  정와칸(×)

- 한국어의 장단음 길이에 유의하여 읽는다.

  예문) 전-자-제-품을 세-관 신고서에 기록

- 이중모음으로 음가를 살려 정확하게 읽는다.

  예문) 확인해 주시기 바랍니다.(○)

  학인해 주시기 바랍니다.(×)

- 보통음이 된소리로 바뀌는 것을 말하는데 된소리가 나지 않도록 유의한다.

  예문) 고추장(○)

  꼬추장(×)

❷ 외국어(영어) 방송연습 방법

- R 과 L의 구분에 유의한다.

> Jerry's jelly berries taste really rare.
> Rory's lawn rake rarely rakes really right.
> A really leery Larry rolls readily to the road.
> The road's load is lessened lightly.

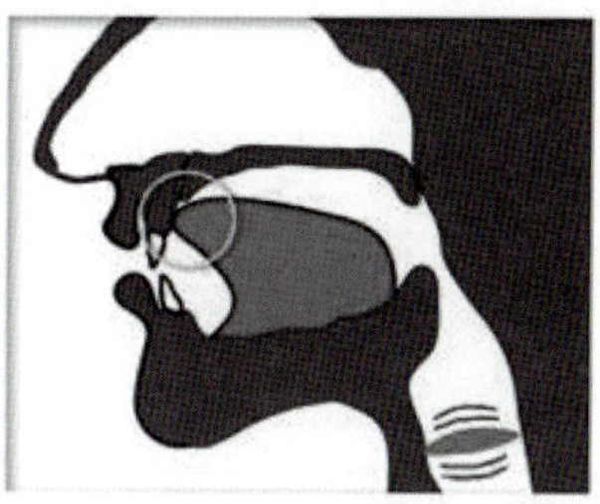

/ L / as in love

L과 R이 모두 혀에 힘이 많이 들어가는 발음으로 R 발음은 파란색으로 L 발음은 빨간색으로 표시 되었으니 한번씩 읽어 보기를 권한다.

먼저 L은 혀 끝에 힘을 주고 윗 앞니 뒤 입천정이 튀어나온 곳에 혀를 두고 발음 하면 되고 R보다는 높은 음의 소리가 나오면 되는데 많은 동양권 에서 한국의 '엘 처럼 발음하기 때문에 정확한 발음을 알려줄 필요가 있다.

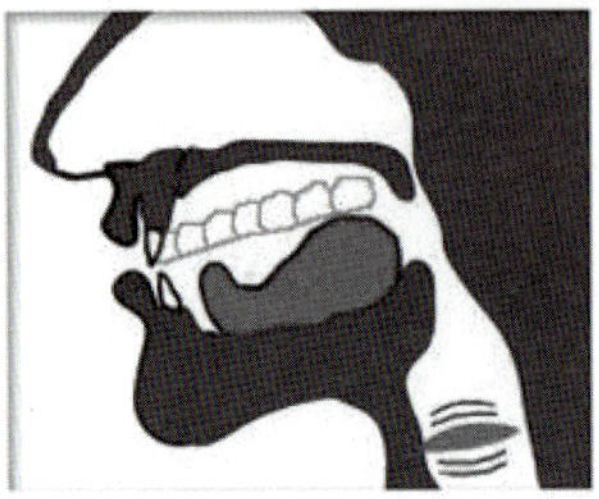

R은 허를 뒤쪽으로 둥글게 말고 천정에 붙지 않은채 목에서부터 L보다는 깊고 낮은 소리가 나도록 발음하면 된다.

- P 와 F의 구분에 유의한다

알파벳발음 'P'와 'F'는 한국어 'ㅍ'발음과 비슷하기 때문에 발음할 때 착오가 있을 수 있다. 비록 소리는 비슷하게 들릴지 언정 발음하는 방법에서 차이가 있다. 먼저 'F'는 윗니를 아랫 입술에 얹어준 다음 이 상태에[서 입 밖으로 숨을 쉬면서 바람을 내보내 주면 되고 'P'는 아랫입술과 위 입술이 서로 닿도록 입을 다문 상태에서 그래로 바람을 내보내면 된다. 아래의 문장을 읽어보며 연습 하도록 하자.

Which fruits do you prefer pineapple or banana?
(파인애플과 바나나 중 어떤 과일을 좋아 하나?)

It's a fine weather to play basketball outside?
(야외에서 농구하기 좋은 날씨 이다)

I'm planning to go camping this afternoon.
(나는 오늘 오후에 캠핑갈 계획이다)

My birthday party will be hold on Friday.
(내 생일 파티는 금요일에 열릴 것 이다)

- B 와 V의 구분에 유의한다.

B는 [ㅂ]으로 발음나며, 윗 입술과 아랫 입술을 붙였다뗄 때 목을 울리며 내는 발음이다.

Busy [비지] 바쁜
Boy [브오이] → [보이] 소년
Baby [베이비] 아기
Bed [벳] 침대
Beach [비이취] 해변
Bear [베여어이] 곰. 참다.

V는 아랫입술을 윗니에 댄 후 떼면서 하는 발음입니다. Vase/ vet /van / voice를 연습 해보자.

- TH의 발음에 유의한다.

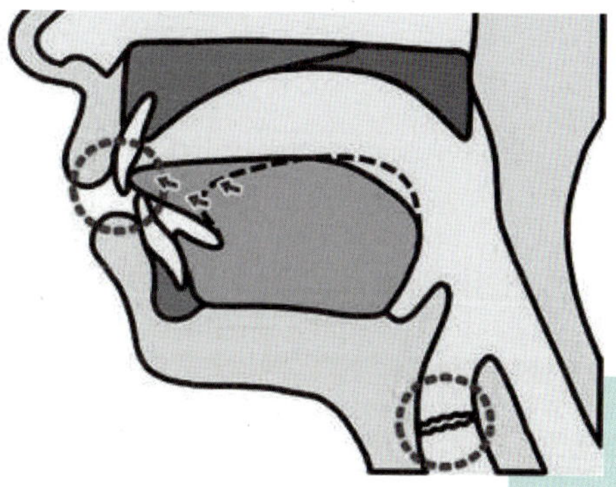

발음기호는 [ð]이며 '드'라고 발음 한다.

아래의 사진을 보며 어떻게 발음 하는지 살펴 보기 바라며 윗니 아랫니로 혀 앞부분을 살짝 물고 혀 옆쪽 구멍으로 바람을 내보내면서 성대를 울리며 '드"드"드'라고 발음한다.

That [드애트] – 댙
Then [드에느] – 덴
Bathe [브에이드] – 베이드
This [드이쓰] – 디쓰
Them [드에므] – 뎀
With [우이드] – 위드
Thus [드어쓰] – 더쓰
Smooth [스므우우드] – 스무우드

강세와 억양을 살려서 읽는다. 우리말은 단어를 읽을 때 특별히 힘주는 부분 없이 일정한 박자로 또박또박 말하는 반면 영어는 단어 안에 모음이 두 개 이상이면 강세가 있는 부분이 생긴다.

• 1음절 단어

영어의 강세는 모음에 있기 때문에 1음절 단어는 어려울게 없다고 보며 단어 안의 유일한 모음에 강세를 주면 됨.

단, 이중모음들은([ei], [ou], [ai], [au], [ɔi])하나의 소리 덩어리로 보아 1음절로 생각해야 한다.

job [dʒɑ:b] hit [hɪt] meat [mi:t] mine [maɪn]

• 2음절 단어

2음절 단어부터는 품사가 영향을 미치며 2음절 단어 중에 약 90% 이상,명사는 강세가 앞 동사는 강세가 뒤 에 있다.

teacher [ˈti:tʃə(r)] doctor [ˈdɑ:ktə(r)] window [ˈwɪndoʊ]

• 동사

한 단어의 의미가 명사, 동사 둘다 있으면 위 규칙처럼 명사는 강세를 앞 동사는 강세를 뒤로 줘서 구분하면 된다.

produce [prəˈdu:s] expect [ɪkˈspekt] begin [bɪˈgɪn]

• 형용사

형용사는 명사를 꾸며 주기 때문에 명사와 비슷하게 2음절 단어의 약 70% 는 강세가 앞에 있음.

extra [ˈekstrə] happy [ˈhæpi] hungry [ˈhʌŋgri]

• 부사

부사는 그 쓰임에 따라 다양하게 바뀌며 형용사 + ly인 경우 원래의 형용사 강세와 같이 강세를 유지한다.

usual [ˈjuːʒuəl]	actual [ˈæktʃuəl]
usually [ˈjuːʒuəli]	actually [ˈæktʃuəli]

- 빈도부사

얼마나 자주를 나타내는 빈도부사는 강세가 앞에 있다.

always [ˈɔːlweɪz] often [ˈɔːfn] never [ˈnevə(r)]

- 2음절 부사

동사를 꾸며주는 부사는 동사랑 비슷한 특징까지 있어서 약 70% 단어가 동사 처럼 강세도 뒤에 있다.

again [əˈgen] although [ɔːlˈðoʊ] enough [ɪˈnʌf]

- 끊어 읽기에 유의한다.
- 연음에 유의한다.

10 기내 상황별 안전 안내방송 예문

☑ 승객탑승 시 사용하는 안전안내 방송문(Welcome ANN)

손님 여러분, 안녕하십니까.
스카이팀 회원사인 저희 **항공은 여러분의 탑승을 진심으로 환영합니다.
이 비행기는 (_______를 거쳐)(도시명)까지 가는 **항공 _______편입니다.
목적지(/중간도착지)인 (도시명)까지 예정된 비행시간은 이륙 후 ___시간 ___분 입니다.
오늘 (이름) 기장을 비롯한 저희 승무원들은 여러분을 정성껏 모시겠습니다
출발을 위해 좌석벨트를 매주시고 등받이와 테이블을 제자리로 해 주십시오.

그리고 휴대전화 등 전자기기는 무선통신 기능이 꺼진 상태에서 사용하실 수 있으며, 노트북 등 큰 전자기기는 좌석 아래 또는 기내 선반에 보관해 주시기 바랍니다.
비행 중 여러분의 안전을 담당하는 안전요원인 객실 승무원의 지시에 협조해 주시기 바라며,
계속해서 여러분의 안전한 비행을 위해, 잠시 화면(/객실 승무원)을 주목해 주시기 바랍니다.

Good morning(/afternoon/evening), ladies and gentlemen,/
Captain (Family Name)/ and the entire crew would like to welcome aboard *** Air,/ a member of SkyTeam. This is flight ____, bound for (via ____).
Our flight time to (목적지/중간도착지)/ today will be ________ hour(s) and ______ minute(s)./ During the flight,/ our cabin crew will be happy to assist you in any way we can./ In preparation for departure,/ please fasten your seatbelt/ and return your seat and tray table to the upright position./ You are permitted to use your electronic devices during the flight,/ as long as they are set to 'Flight Mode'./
However,/ larger devices such as laptop computers/ must be stowed/ under your seat/ or in the overhead bins during take-off and landing./
Please fully cooperate with cabin crew/ who act as safety officers during the flight./
And for your safety,/ please direct your attention to the video screens (/ cabin crew)/ for safety information./ Thank you/

☑ 이륙 전 항공기 지연 시 사용하는 안전안내 방송문

손님여러분, 우리 비행기는 출발 준비가 끝났습니다만, 목적지
**공항의 기상상태가 좋지 않아 출발이 늦어지고 있습니다.
약 **분 후에 출발하겠습니다.이점 양해해 주시기 바랍니다.

Ladies and gentlemen,/

our departure is delayed/due to unfavorable weather conditions at ** airport./
We expect to depart in about ** minutes./
We ask for your patience. Thank you./

Safety demo 안전안내 방송문

지금부터/ 비행기 내 비상구 위치와 비상장비 사용법에 대해 안내해 드리겠습니다. 잠시 주목해 주시기 바랍니다.
Ladies and gentlemen./
We will now show you/ the safety features/ of this aircraft./
Please/ direct your attention for a few minutes/ to the cabin crew/ for safety information./

이 비행기의 비상구는 모두 __※__ 로/ 좌우에 각각 있습니다.
There are __※__ emergencyexits/ onbothsidesoftheaircraft./

만일의 경우에 대비해/ 착석하신 좌석에서 가장 가까운 비상구 위치를/ 확인하시기 바랍니다.
Please take a moment/ to locate the nearest exit from your seat./

비상시 비행기의 전원이 꺼질 경우/ 통로의 유도등이 자동으로 켜지며, 이 유도등은 비상구까지 여러분을 안내할 것입니다.
If there is a loss of electrical power,/ Emergency Track Lights/ near the floor / will be turned on to guide you to an exit./

좌석벨트 사인이 켜지면/ 반드시 좌석벨트를 매 주십시오.
When the seat belt sign is on,/ please fasten your seat belt./

좌석벨트는 버클을 끼워 허리 아래로 내려서 조여 주시고/ 풀 때는 벨트 덮개를 들어올리면 됩니다.
To fasten the seat belt,/ insert the link into the main buckle/ and tighten the strap across your hips securely./
To release the seat belt,/ raise the flap of the buckle./

산소 마스크는 머리 위 선반 속에 있으며/ 산소 공급이 필요한 비상시에 저절로 내려옵니다.
Your oxygen mask is/ in the overhead compartment/ and it will drop automatically when needed./

마스크가 내려오면 앞으로 잡아당겨/코와 입에 대시고/ 끈으로 머리에 고정해 주십시오.
When the mask appears,/ pull the mask toward you/ and cover your nose and mouth, then adjust the elastic head band./

도움이 필요한 동반자가 있을 때는/ 먼저 착용하신 후 도와 주시기 바랍니다.
Please put your mask on first/ and then help somebody who may need your assistance./

여러분의 좌석([상위CLASS]또는 팔걸이)아래에 있는 구명복은/ 비행기가 바다에 내렸을 경우 사용하시게 됩니다.
Your life vest is/ located under your seat([상위CLASS]or beside your seat)/ for use in an emergency landing on the water./

착용하실 때는 머리 위에서부터 입으시고, 버클을 끼운 다음 끈을 몸에 맞도록 조여 주십시오.
To put the vest on/ slip it over your head,/ then adjust the straps/ around your waist./

구명복은 기내에서 부풀지 않도록 조심해 주시고, 부풀릴 때는 탈출 직전 비상구 앞에서 붉은색 손잡이를 당기시면 됩니다.
Please do not inflate the vest/ inside the aircraft./
To inflate the vest/ pull the red tab(s) down in front of an exit door/ just before leaving the aircraft./

만일 충분히 부풀지 않을 때는/ 고무관을 힘껏 불어 주십시오.
You can also inflate it/ by blowing into the tube(s)./
[red tab(s)와 tube(s)의 경우, 구 사양 구명복은 복수로, 신 사양 구명복은 단수로 방송한다.

[B737제외]
또한, 비상구마다 장착된 탈출 미끄럼대를 구명 보트로 사용하실 수 있습니다.
Each door is equipped with an escape slide/ that may be detached/ and used as a life raft.

보다 자세한 사항은/ 앞 좌석 주머니안에 있는 안내문을 참고하시기 바랍니다.
For further information/ please refer to the safety information card/ in your seat pocket./

아울러 안내문에 설명된 바와 같이/ 모든 비상구 좌석에 앉으신 분께서는/
비상시 저희 승무원과 함께/ 다른 승객의 탈출을 돕도록 돼 있습니다.
여러분의 적극적인 협조를 부탁 드립니다.
If you are seated in an exit seat,/ you must be able to assist other passengers/ in an emergency./ Your cooperation will be appreciated./

또한, 화장실을 비롯한 모든 곳에서 담배를 피우시는 것은 항공법으로 엄격히 금지돼 있으니, 유의하시기 바라며,/
비행기가 뜨고 내릴 때는, 안전운항에 영향을 주는 전자기기의 사용을 삼가시기 바랍니다.
Please refrain from smoking/ at any time in the cabin or in the lavatories./
Also,/ the use of portable electronic devices is/ not allowed during take-off/ or landing./

비행 중 사용하는 안전안내 방송문

비행 중 좌석벨트 항상 착용안내 방송예문
손님 여러분,방금 좌석벨트 표시등이 꺼졌습니다.
그러나 비행기가 갑자기 흔들리는 경우를 대비하여 자리에서는 항상 좌석벨트를 매시기 바랍니다. 그리고 머리 위 선반을 여실 때는 안에 있는 물건이 떨어지지 않도록 조심해 주십시오.
감사합니다.
Ladies and gentlemen/
the captain has turned off the seatbelt sign./
We recommended/ that you keep your seatbelt fastened at all times./
Please be careful/ when opening the overhead bins/ as the contents may have shifted during the entire flight./
Thank you./

비행 중 기체요동 방송예문(1)
손님 여러분 비행기가 흔들리고 있습니다.
좌석벨트를 매 주시기 바랍니다.
Ladies and gentlemen/
please fasten your seatbelt/ due to turbulence./

비행 중 기체요동 방송예문(2)
손님 여러분 ,비행기가 계속해서 흔들리고 있습니다.
좌석벨트를 매셨는지 다시 한번 확인해 주시기 바랍니다.
Ladies and gentlemen/
we are continuing to experience turbulence./
Please remain seated with your seatbelt fastened./

착륙 전 사용하는 안전안내 방송문

손님 여러분.
우리 비행기는 잠시 후에 (공항명)에 도착하겠습니다.
착륙 준비를 위해, 꺼내 놓은 짐들은 앞 좌석 아래나 머리 위 선반 속에 다시 보관해 주시고, 창문 덮개는 열어 두시기 바랍니다.
Ladies and gentlemen,/ we are approaching ________ airport./
Please stow your carry-on items in the overhead bins/ or under the seat in front of you,/ and open your window shades./
Thank you./

손님 여러분, 우리 비행기는 곧 착륙하겠습니다.
좌석 등받이와 (발 받침대), 테이블을 제자리로 해 주시고, 좌석벨트를 매 주십시오.
노트북 등 큰 전자기기는 좌석 하단 또는 기내 머리 위 선반에 보관해 주시기 바랍니다. 감사합니다.
Ladies and gentlemen,/ we will be landing shortly./
Please fasten your seatbelt,/ return your seat/ and tray table to the upright position./
Also/ please place large electronic devices/ such as laptop computers/ under the seat/ or in the overhead bins. Thank you./

착륙 후 사용하는 안전안내 방송문(Farewell)

손님 여러분
우리 비행기는 000 공항에 도착 했습니다.
000에 오신 것을 환영 합니다.
지금 이 곳은 0월0일 오전(오후) 00시 00분입니다.
여러분의 안전을 위해 비행기가 완전히 멈춘 후 좌석벨트 표시등이 꺼질 때 까지 좌석에서 기다려 주십 시오
머리 위 선반을 여실 때는 안에 있는 물건이 떨어질 수있 으니 조심해 주시고 내리실 때는 안에 있는 물건이 떨어질 수 있으니 조심해 주시기 바랍니다.
오늘도 저희 0000 항공을 이용해 주셔서 대단히 감사합니다.
저희 승무원들은 앞으로도 손님 여러분께서 안전하고 편안하게 여행하실 수 있도록 항상 최선을 다하겠습니다.
감사합니다. 안녕히 가십시오

Laides and gentlemen/
We have landed at/ 000 international airport./
The local time is/ now 00:00 a,m/p,m/
For your safety/ please remain seated/ until the captain has turned off the seatbelt sign./ Also/ please be careful/ when opening the overhead bins/ as the contents may fall out./
Please/ remember to take all of your belongings with you/ when you leave the airplane./
Thank you for choosing 0000 air/ and we hope to see you soon/ on your next flight./

승객하기 전 사용하는 안전안내 방송문

안내말씀 드리겠습니다.
이곳 공항당국 으로부터 입국장이 복잡하기 때문에 일부 승객은 비행기 내에서 잠시 기다려 달라는 요청을 받았습니다.

00열 이후 앉아계신 승객 여러분께서는 저희 승무원이 안내해 드릴 때 까지 잠시 자리에서 기다려 주시기 바랍니다.
여러분의 협조에 감사드립니다.
Ladies and gentlemen/
The airport authorities have advised us/ that some of our passenser should remain onboard./
For passensers sitting from row number 00/ and higher./ please remain seated/ until you receive further notice./
Your cooperation will be appreciated/

손님 여러분 오랫동안 기다리셨습니다.
지금부터 내려 주시기 바랍니다.
Thank you for your patience./ ladies and gentlemen/
You may now deplane./

비상 시 사용하는 안전안내 방송문(탈출 샤우팅은 "비상사태 발생 시 대응하기"본문내용 참조)

(기내화재 발생시)
손님여러분
지금 비행기 내에 작은 화재가 발생하여 저희 객실승무원들이 진압하고 있습니다.
저희 객실승무원들은 이런 경우에 대비하여 매우 잘 훈련되어 있습니다.
손님 여러분께서는 절대 동요하지 마시고 침착하게 객실승무원의 지시에 따라 행동해 주시기 바랍니다.
Ladies and gentlemen/
a minor fire has broked out in the cabin./ but it is now under control./
Please do not be alarmed./
We ask you to follow the instructions of our cabin crew./ well trainde for this type of situation./
Thank you for your cooperation./

(폭발물 위협발생시)
안내말씀 드리겠습니다.
잠시후 이곳 공항 관계기관에 의해 비행기 보안점검이 실시 되겠습니다.

Ⓐ 손님 여러분께서는 항공보안요원의 점검이 진행되는 동안 자리에서 기다려 주시기 바랍니다.
Ⓑ 손님여러분 께서는 지금부터 비행기에서 내리셔서 항공보안요원의 점검이 진행되는 동안 지정된 대기장소에서 기다려 주시기 바랍니다. 그리고 갖고계신 짐은 모두 가지고 내려 주십시오.

Ladies and gentlemen/
We have been advised by the airport authorities/ that intensive security check fo the aircraft is required./
Ⓐ We kindly ask you to remain seated/ until the security check is completed./
Ⓑ We kindly ask you to deplane/ and wait in the terminal until the security check is completed./ Please keep your personal belongings with you/ when you deplane./
We regret this inconvenience/ and will keep you well informed./
Thank you/

(비상사태 발생시 : 시간이 없을 때,준비되지않은 비상사태)
긴급사태가 발생했습니다.
지금부터 긴급착륙(착수)하겠습니다.
좌석벨트를 매십시오.
양팔을 엇갈리게 하여 앞 좌석 상단에 갖다 대십시오. 머리는 팔에 대십시오.
Attention!!
This is an emergency landing(ditching)/
Fasten your seatbelt/
Cross your arms and put them on top of your front seat./
Lean forward/ and put your head into your arms./

(비상사태 발생시: 시간이 있을 때, 준비된 비상사태)
손님여러분 주목해 주십시오.
긴급사태가 발생 했습니다.
이 비행기는 약 **후에 비상착륙/착수 하겠습니다.
저희 객실 승무원들은 이러한 상황에 대비하여 충분한 훈련을 받았습니다.
침착해 주시고 지금부터 객실 승무원들의 지시에 따라 주십시오.

Ladies and gentlemen,/ we need your attention./
We will have to make a emergency landing/ditching in about ** minutes./
We are trained to handle this situation./
Remain calm/ and follow the instructions of your cabin crew./

저희 객실 승무원들이 여러분의 좌석으로 가게되면 회수하기 쉽도록 식사 트레이나 빈 캔등을 통로 쪽으로 내놓아 주십시오.
좌석 등받이를 지금 바로 세워 주시고 트레이테이블은 닫아 주시기 바랍니다.
또한 발 받침대와 개인용 비디오를 제자리로 해주십시오.
When cabin crew come to your row,/ pass your food tray/ and all other service items to the aisle for pick up./
at this time,/ bring seatbacks to the upright position/ and stow traytables./
Stow footrest/ and inseat video units./
Crosscheck !! /

펜이나 장신구 같은 날카로운 물건을 모두 치워 주십시오.
스파이크 신발 및 하이힐은 벗으십시오
넥타이,스카프 같은 느슨한 물건들은 풀어 주십시오.
Remove all sharp objects such as pen/ and jewelry./
Also/ remove loose objects/ such as neckties and scarves./
Remove spike heeled shoes./
Crosscheck !! /

풀어낸 모든 물건은 소지하신 가방안에 넣으십시오.
착륙 전 안경은 벗어서 양말이나 상의옆 주머니속에 넣으십시오.
좌삭 앞 주머니 속에는 아무것도 넣지 마십시오.
소지하신 모든 짐은 좌석 밑 또는 머리 위 선반안에 넣으십시오.
저희 객실승무원들은 통로에서 여러분을 도와 드리겠습니다.
Put all of these items in carry on baggage./
Remove eyeglasses before landing/ and put them in your sock/ or a side coat pocket./
Do not put anything in the seat pocket in front of you./
Put all carry on items under a seat or in an overhead bin./
Cabin crew will be in the aisle to assist you./
Crosscheck !! /

(이번 문항은 비상착수 시만 사용)
좌석 밑이나 옆에있는 구명복을 꺼내십시오
보호 탭을 잡아당겨 구명복은 주머니에서 꺼내십시오
머리 위에서부터 입으시고 양팔을 끼운다음 허리 끈을 아래로 당기십시오.
끈을 몸에 맞도록 조절해 주십시오.
항공기 내에서는 절대 부풀리지 마십시오.
구명복은 양쪽에 있는 고무관을 불어서 부풀릴 수 있습니다.
아기나 어린이를 동반하신 분은 저희 객실승무원들이 아이들에게 구명복 입히는 것을 도와드리겠습니다.
도움이 필요하신 분이 계시면 승무원을 불러 주십시오.
Locate the life vest under/ or on the side of your seat/ and remove it./
Remove the vest/ from the pouch/ by pulling on the tab./
To put the vest on,/ slip it over your head./
Adjust the straps/ around your waist./
Do not if flate the vest inside the aircraft./
As you leave the aircraft, pull down on the two red tabs to inflate the vest./
The vest can also be inflated/ by blowing into the tubes on either side./
For those traveling with infants or children,/ the cabin crew will assist you/ in putting vest on the children./
For anyone else needing help,/ cabin crew will assist you./
Crosscheck !! /

좌석벨트를 매십시오
버클을 끼우고 끈을 아래쪽으로 하여 단단히 조여 주십시오
벨트풀어 지시가 있으면 신속히 버클 덮개를 들어 올리십시오.
Fasten your seatbelt./
Place the metal tip into the buckles/ and tighten the strap low/ and secure about you./
When told to release your seatbelt,/ lift the top of the buckle./
Crosscheck !! /

착륙 전 충격방지 자세를 취하라는 신호가 전달 될 것입니다. 신호의 내용은 ****이며 이때 승무원들이 여러분께 충격방지자세를 취하라고 지시 할 것입니다.

The signal to brace will be given/ just before landing./
The signal will be *****./ and the cabin crew will command you to brace./

충격방지 자세를 취하라는 신호가 있으면 발을 바닥에 대고 양팔을 엇갈리게 하여 손을 앞 좌석 상단을 잡으십시오. 머리는 팔에 대십시오
When instructed to brace for impact,/ place your feet ont the floor./ Cross your arms/ and put your hands on the seat/ in front of you./ Put your head on your arms./

앞좌석 등받이에 손이 닿지 않거나 앞에 좌석이 없는 경우에는 상체를 앞으로 최대한 숙여 팔을 허벅지 밑으로 넣어 단단히 안거나 손으로 발목을 잡고 머리를 무릎에 대십시오.
충격방지 자세는 항공기가 완전히 정지 할 때까지 취하고 있어야 합니다. 이후에는 객실 승무원의 지시에 따라 주십시오.
아기나 어린아이와 함께 계신 승객은 저희 객실승무원들이 어린이가 충격방지 자세를 취할 수 있도록 도와 드리겠습니다.
도움이 필요하신 다른승객 역시 저희 객실승무원들이 도와드리겠습니다.
If you cannot reach the seatback in front of you,/ or if there no seat in front of you,/ lean forward as far as you can/ and wrap your arms tightly under your legs/ or grab your ankles/ and put your head on your knees./
Hold your bracing position/ until aircraft comes to complete stop./
Then follow the instruction of your crew./
For those traveling with infants or children,/ the cabin crew will assist you to prepare your child to brace./
For anyone else needing help,/ the cabin crew will assist you./
Crosscheck !! /

좌석 앞 주머니 속에서 Safety information card를 꺼내어 좌석벨트,충격방지자세, 구명복(비상착수시),탈출고 위치 및 작동법을 재확인해 주십시오.
저희 객실 승무원들이 통로에서 여러분을 도와드리고 질문에 답해 드리겠습니다.
주목해 주셔서 감사합니다.
Take the safety information card from the seat pocket/ in front of you/and review seatbelt operation,/ bracing position,/ life vest operation(ditching only),/ exit location/ and exit operation./

Cabin crew will be in the asile to assist you/ and ansew any questions./
Thank you for your attention./
Crosscheck !! /

손님여러분, 여러분 중에 항공사 직원,경찰,소방관 또는 군인이 계시면 저희 승무원에게 알려 주시기 바랍니다. 여러분의 도움이 매우 필요합니다.
Ladies and gentlemen,/
If there are any airline employees,/ law enforcement,/ fire rescue/ or military personnel on board./
please identify yourself to the cabin crew./
We need your assistance./
Crosscheck !! /

손님여러분
탈출을 용이하게 하기 위하여 몇 분의 손님에게 좌석변경을 요청 하겠습니다.
여러분은 객실 승무원들이 요청할 때 까지 좌석에 그대로 계시기 바랍니다.
Ladies and gentlmen/
We will be asking some of you/ to change seats/ to better help those needing assistance/ or to be closer to an exit to help evacuate./
Please remain seated/ unless you are asked to move./
Crosscheck !! /

손님여러분, 외부에 적응하기 위해 기내조명을 어둡게 조절하고 있습니다.
Ladies and gentlemen,/
We are dimming the cabin lights/ so your eyes adjust to the outside lighting./
Crosscheck !! /

※ Crosscheck !! : 비상착륙/수 시 매 방송문 끝에 Crosscheck !!을 넣는 이유는 방송으로 승객준비사항에 대해 안내한 후 객실승무원에 의해 잘 진행 및 준비가 되고 있는가를 점검 하라는 뜻이다.

참고문헌

Docs From 32 years Flight in Korean air

Knowledges From 32 years Flight in Korean air

NCS 학습모듈 객실 승무 관리(박인섭)

NCS 학습모듈 기내 일상 안전 관리(홍영식)

NCS 학습모듈 비행 중 서비스(박혜정)

NCS 학습모듈 승객 탑승 및 이륙 전 서비스(박지영)

NCS 학습모듈 승객 탑승 전 준비(박지영)

NCS 학습모듈 승객 하기 후 관리(정영미)

NCS 학습모듈 응급 환자 대처(임향아)

NCS 학습모듈 착륙 전 서비스(이효선)

NCS 학습모듈 착륙 후 서비스(정영미)

Pictures From 32 years Flight in Korean air

검색엔진 내 대한항공 견학 블로그

국토교통부 국토교통뉴스(www.news.airport.co.kr)

대한 심폐소생협회(www.kacpr.org)

대한항공 객실승무원 교범

대한항공 객실승무원 서비스 교범

대한항공 사무장/승무원 방송문 및 부록

대한항공 홈페이지

대한항공/아시아나/제주항공/진에어/이스타항공/T way/유스카이 항공 홈페이지

미국교통안전청(Transpotation Security Administration) 홈페이지(www.tsa.gov)

보잉항공사 홈페이지(www.boeing.com for B737/777/747)

봄바르디어 항공사 홈페이지(www.bombardier.com for CRJ-200/1000)

아시아나항공 홈페이지

에어버스사 홈페이지(www.airbus.com for A320/330/380)

위키백과 /위키 pedia /You tube

인천국제공항 홈페이지(www.airport.kr)

항공정보 포털 시스템(Air Portal)

기내 안전관리

초판1쇄 발행 2016년 2월 15일
2판 1쇄 발행 2017년 7월 20일
저　　자 최 성 수
펴 낸 이 임 순 재
펴 낸 곳 (주)한올출판사
등　　록 제11-403호
주　　소 서울시 마포구 모래내로 83(성산동, 한올빌딩 3층)
전　　화 (02)376-4298(대표)
팩　　스 (02)302-8073
홈페이지 www.hanol.co.kr
e-메일 hanol@hanol.co.kr
ISBN 979-11-5685-588-0